eビジネス新書

No.414

週刊 東洋経済

週刊東洋経済 eビジネス新書 No.414

病院サバイバル

本書は、東洋経済新報社刊『週刊東洋経済』２０２２年２月１９日号より抜粋、加筆修正のうえ制作しています。情報は底本編集当時のものです。（標準読了時間　９０分）

病院サバイバル　目次

経営難・後継者不足でサバイバル競争が加速

地域医療を担ってきた病院の移転をめぐって、仙台市が揺れている。発端となったのは宮城県が2021年9月に打ち出した県内4病院の再編方針だ。

方針では、①仙台赤十字病院（仙台市）と県立がんセンター（名取市）を統合、②東北労災病院（仙台市）と県立精神医療センター（名取市）を移転し合築（がっちく：1つの施設に併設）することが示された。

新病院の移転先は決まっていないが、赤十字病院とがんセンターとの統合で生まれる新病院は、仙台市の南に位置する名取市が誘致に名乗りを上げた。合築される新病院は、仙台市の北にある富谷（とみや）市が誘致をしている。

■ 赤十字病院は仙台市から移転
―仙台医療圏の病院再編イメージ―

仙台赤十字病院は名取市に移転、県立がんセンターとの統合を予定

仙台市からすると2つの大きな病院が市外へ移転することになり、市当局や市民が反発しているのだ。

JR仙台駅から車で北に10分ほどの住宅街の中に、再編計画の対象になっている東北労災病院がある。病床数548、年間3000件を超える救急搬送を受け入れる大型の総合病院だ。

移転後の新病院の詳しい内容は明らかになっていないため、仙台市民や通院患者には不安が広がる。市は県に対し、計画案の詳しい内容の開示や住民への説明などを求めている。

県の再編計画の前提にあるのは、各病院の厳しい経営状況だ。東北労災病院は過去5年、2億~9億円の赤字基調が続いている。「周囲の病院との競争が激しく、病床稼働率が低下している」(同院の徳村弘実院長)。県立がんセンターは県の財政支援によって黒字を維持しているが実質的には赤字状態、仙台赤十字病院も赤字が続く。

県が再編に乗り出したのには、病院が仙台市内に集中し、仙台市とその周辺とでは「医療格差」が生じていることも影響している。

県によると、名取市、富谷市の救急搬送のうち、7割超が仙台市内へと運ばれている。仙台市内では救急搬送で病院に収容されるまでの時間が平均39分なのに対し、赤十字病院が移転を予定している名取市では51分を超える。

こうしたデータに対し仙台市は、今後の救急需要の伸びも考慮すべきだと反論している。また、東北福祉大学の佐藤英仁准教授（医療経済）は「具体的な移転先や病院の規模がわからなければ、移転後に救急体制がどう変わるか分析しようがない」と十分なデータを基に検討するようにクギを刺す。

仙台市のような、病院再編をめぐる市民と行政当局、あるいは市と県との衝突はそれほど珍しいことではない。県立病院の場合、統合によって病院事業を好転させたい県と、病院の立地する市町村との間では、対立が生じがちだ。

全国でも待ったなし

2019年9月、厚生労働省が「再編統合についてとくに必要」として424の公立・公的病院（後に436病院に修正）の名前を公表。病院関係者の間に大きな波紋を呼んだ。

が、その後間もなくして突入したコロナ禍において公立・公的病院は大きな役割を果たした。公立・公的病院の7割以上がコロナ患者を受け入れたのだ。こうした状況を受け、「424病院の再編議論は実質的に〝総崩れ〟になった」（公立病院の経営に詳しい城西大学の伊関友伸教授）。

再編・統合の必要性を病院側が検証する期限だった20年秋を過ぎてもなお、合意結果に基づき措置済みは21％、合意済みは19％、54％の病院が「再検証中」だ。

公立・公的病院はコロナ患者受け入れに伴う一時的な補助金収入で潤い、経営的にも追い込まれてはいない。ただし伊関氏は、「再編の必要性が薄れたわけではない」と指摘する。

自治体病院・病床数は減少傾向 ―病院数と病床数の推移―

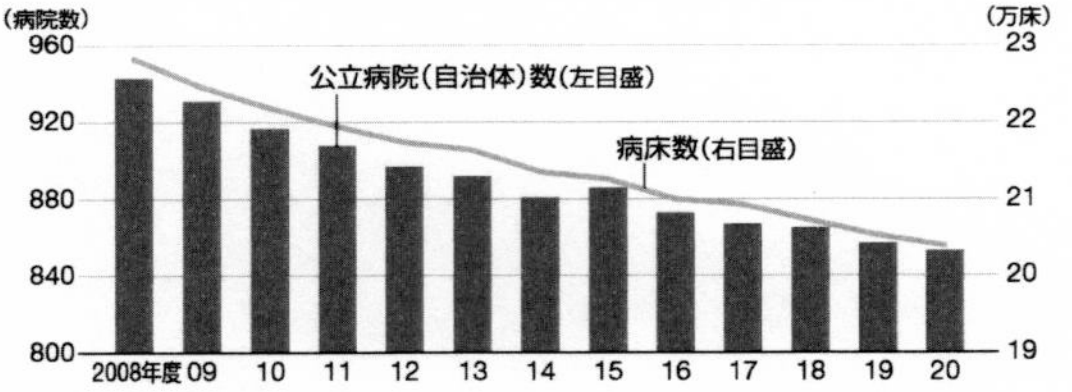

（出所）地方公営企業決算状況調査

コロナ禍で"一時的に"収支改善 ―公的病院の総収入と純損益―

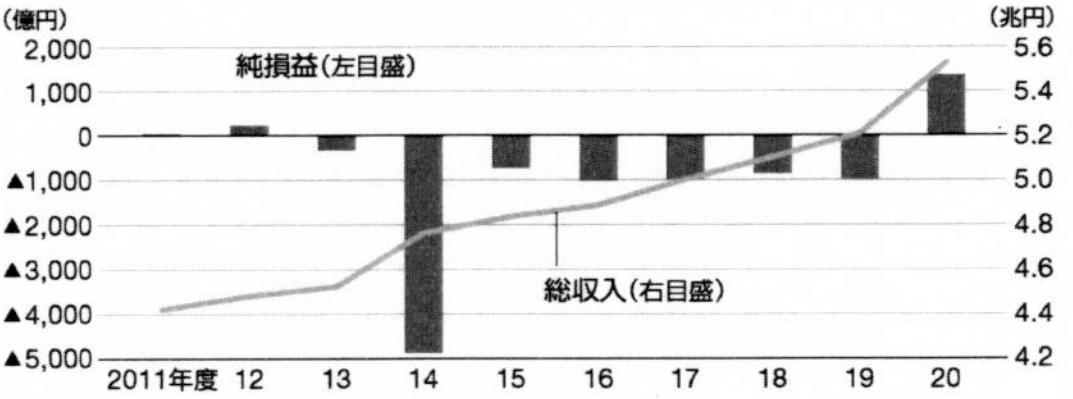

（注）▲はマイナス　（出所）地方公営企業決算状況調査

現在、日本の病床はケガや急激に進行する病気に対応する急性期病床（高度急性期を含む）が過半を占める。だが今後は高齢化などから、リハビリや介護などの機能を持つ、回復期病床、慢性期病床の需要が高まっていく。このシフトを進めるためには病院の再編は不可避だ。

高齢者増を見据えた病床の"転換"が必要
―必要とされる病床機能の予測―

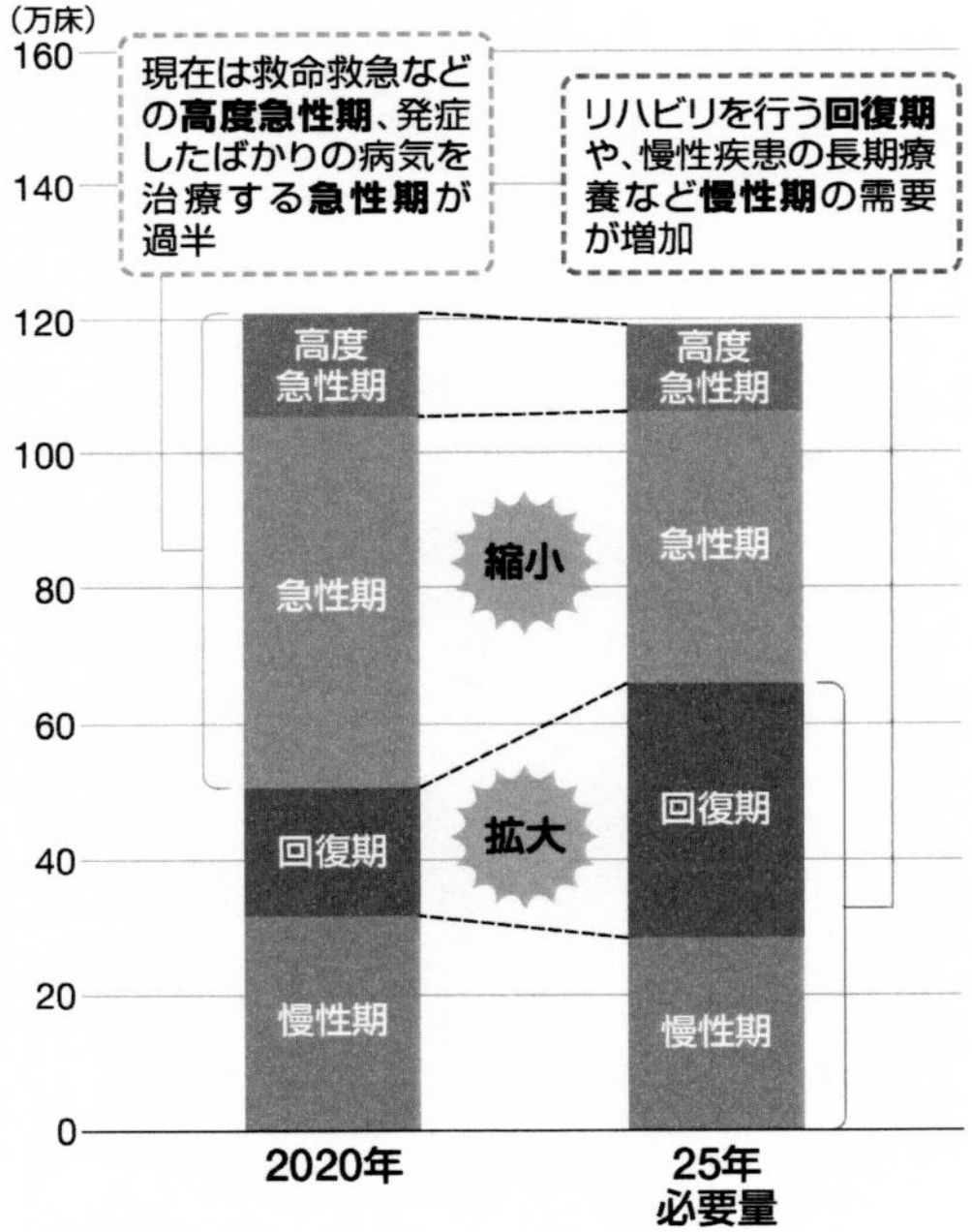

(出所)厚生労働省

公立・公的病院の数は減少傾向にあるとはいえ、日本はＯＥＣＤ（経済協力開発機構）加盟国の中で人口当たりの病床数が圧倒的に多い。一方で医師や看護師は少ないため、医療従事者が分散してしまっている。

病床は過剰な一方、医療スタッフは不足

—人口1000人当たりの病床数、医師数の国際比較—

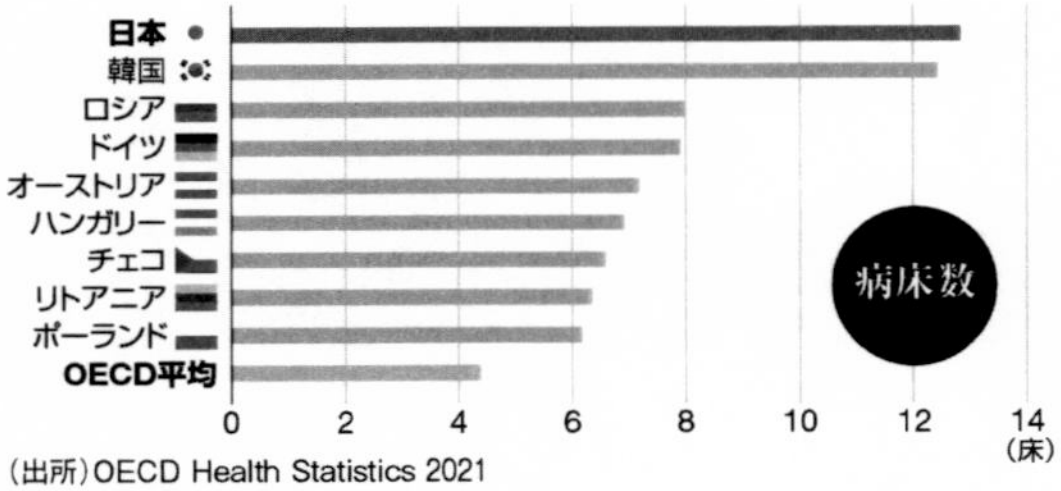

（出所）OECD Health Statistics 2021

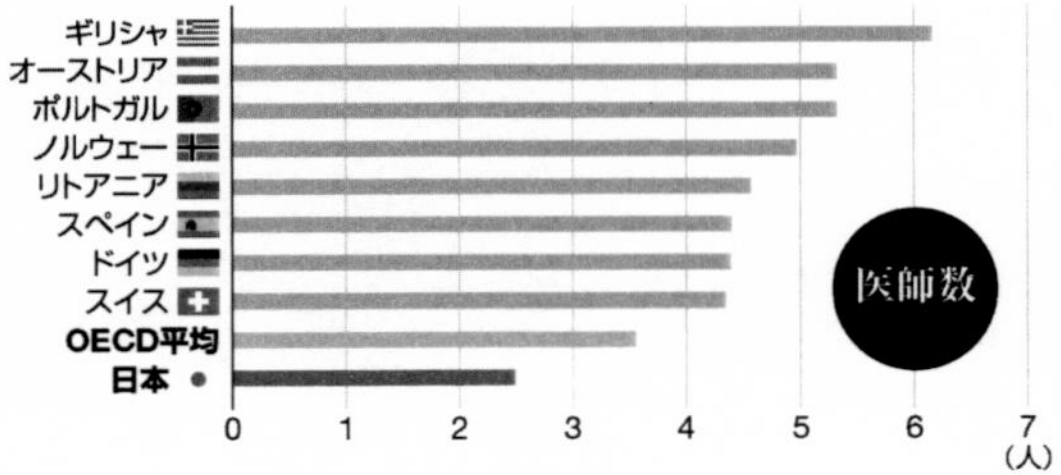

コロナ禍では、「とくに地方で統合を進めてきた病院では設備や人員に余裕が生まれ、手のかかるコロナ重症者も受け入れられたケースが多かった」（伊関氏）。

仙台赤十字病院はコロナ感染者を受け入れてきたが、舟山裕士院長は「施設や医療機器、スタッフなどの面でコロナ重症者の受け入れは難しかった」と振り返る。「仮に再編となり診療体制が充実した場合には、さらにレベルの高い医療が提供でき、より多くの地域医療のニーズに応えられるようになる」としている。

民間もサバイバル競争

人口減少、ほかの病院との競合、医療需要が減少しているにもかかわらず急性期医療を中心とした診療体制など、公立・公的病院が抱える課題は、民間病院にも共通する。日本の病院は医療法人（民間）が7割を占めている。

東海大学は2022年1月31日、神奈川県大磯町にある医学部付属大磯病院（312床）を23年3月1日付で、病院グループ最大手の徳洲会に譲渡すると発表した。大学病院の本院は急性期を中心にした大型総合病院だが、分院となると公立・公的病院や民間病院と競合することが多い。その経営が難しくなっているのだ。

大磯病院は、同大医学部付属の4病院のうち3つ目の病院として1984年に開設。21の診療科があり、急性期医療から在宅医療との連携まで40年近く地域医療の中心を担ってきた。ところが人口減少や医療需要とのミスマッチから、赤字が常態化していた。

福祉医療機構によると、民間病院（医療法人）の医業利益率はそれほど高くなく、近年は1～2%。20年度はコロナ禍によって、患者の来院が減ったり診察や検査を縮小したりしたため、マイナス1%台に悪化した。

民間病院（医療法人）は病院全体の7割、病床数では5割を占める
―病院数・病床数の開設者別割合―

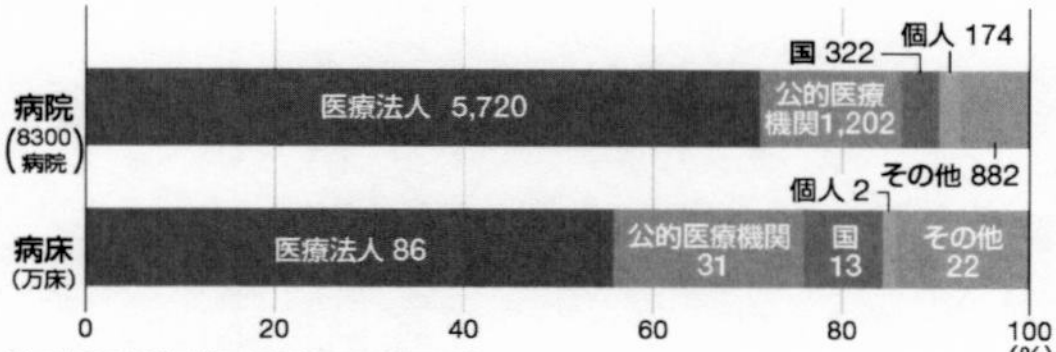

（出所）厚生労働省「医療施設調査」（2019年）

コロナ禍は民間病院の経営を直撃
―医業利益率―

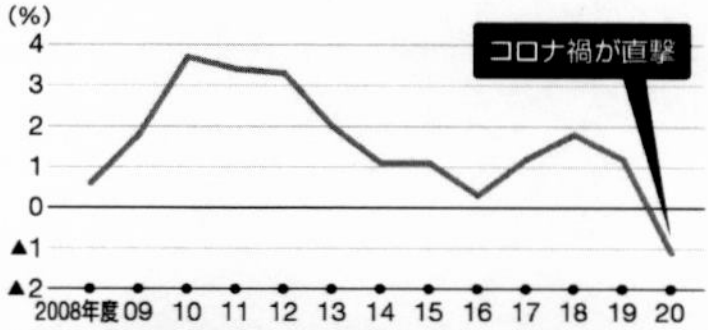

（注）福祉医療機構の貸付先が対象。精神科病院や療養型病院を除く一般病院のみ。▲はマイナス
（出所）福祉医療機構の資料を基に東洋経済作成

福祉医療機構を通じた政府の無利子融資などで資金面の不安はないが、もともと収益力が高くないため、コロナ禍の後に患者が戻ってこなかったときを不安視する病院経営者は多い。

病院の抱える課題として建物の老朽化もある。民間病院には病床数を規制する85年の医療法改正の前に駆け込みで建てられたところが多い。築40年を超えても資金不足のために建て替えや耐震工事に対応できないことが予想される。

ファンドも参戦

民間病院の経営不振に事業チャンスを見いだす業者がいる。その代表ともいえるのが、投資ファンドのユニゾン・キャピタルだ。

ユニゾンは病院の経営再建などのため、投資家から資金を集め、すでに投資した分を含め500億~1000億円を投じる。病院投資の第1弾として19年に埼玉県熊谷市の病院に投資し、これまで合計5件の投資を実行した。

運営するファンドが一般の融資より返済順位の低い劣後貸付を行い、経営部門には病院経営に詳しい専門人材を派遣する。株式会社の株主に相当する医療法人の「社員」にはユニゾン関係者が就き、ハンズオン（経営に直接関与）で支援する。

急性期病院を標榜しながらも患者獲得に困難を来している病院で、回復期や慢性期への病床転換を進める。急性期病院では高額な医療機器や設備が求められるが、急性期を過ぎた患者の受け皿となる回復期や慢性期ではそれほど設備投資は重くない。地域内で病院連携がうまく進めば、病床稼働率も上がる。ユニゾンは投資期間を10年としており、その間に収益力を上げ、民間病院グループなどへ売却することを想定している。

国沢勉パートナーは、「今後、急性期の需要は減っていく。医療機器の高額化や医療のDX（デジタルトランスフォーメーション）を考えると、1～2％程度の利益率では投資負担に耐えられないと判断する病院経営者は多いはず」と話す。

国沢氏は事業承継のニーズも指摘する。「昔の病院支援は資金繰り支援が目的だったが、現在は事業承継のニーズが大きくなっている。病院経営者の息子であるドクターが事業環境の不透明さから家業を継ぎたがらなくなった」。ファミリービジネスとしての病院経営を諦め、譲渡を検討する経営者は増えるとみる。

病院の経営支援にはグローム・ホールディングスも参入している。グロームの場合、病院との提携（アライアンス）という形で支援サービスを提供する。経営権は握らない。アライアンス先は、病院、診療所、介護老人保健施設の計62施設で、約6200床に上る。

事務部門にスタッフを派遣したり、医薬品などの共同仕入れを進めたりしてコストの削減を行う。宮下仁社長によると、「経営改革をサポートすることで病床の稼働率が上がり、収益が上がる病院が多い」という。

病院経営に詳しい大手コンサルティング会社の幹部は、「民間病院のM&A（合併・買収）は以前のように単純に規模を追うものではなく、地域内の病院連携を意識したものに変わりつつある。コロナ禍が収束すれば、再編の動きが本格化するのでは」と話す。

（石阪友貴、長谷川　隆）

徳洲会グループ 病院数 71院 病床数 1万7909床
徳洲会(3083億円)／沖縄徳洲会(1836億円)
千葉西総合病院／湘南鎌倉総合病院 など
売上高 1位
中村3兄弟が経営
中央医科グループ
板橋中央医科グループ(IMS) 病院数 36院 病床数 1万2610床
明理会(997億円)／明芳会(940億円)
板橋中央総合病院 など
上尾中央医科グループ 病院数 28院 病床数 6319床
愛友会(760億円)／協友会(714億円)
上尾中央総合病院 など
戸田中央医科グループ 病院数 29院 病床数 6357床
東光会(362億円)／武蔵野会(268億円)
戸田中央総合病院 など
葵会グループ 病院数 27院 病床数 5928床
葵会(718億円)
千葉・柏リハビリテーション病院 など
大坪グループ 病院数 17院 病床数 3425床
大坪会(136億円)
三軒茶屋病院 など
平成医療福祉グループ 病院数 24院 病床数 3783床
平成博愛会(113億円)
博愛記念病院 など
カマチグループ 病院数 25院 病床数 5205床
池友会(378億円)
福岡和白病院 など
私立学校法人 病院数 114院 病床数 5万5957床
社会福祉法人 病院数 198院 病床数 3万3571床

(注)カッコ内は売上高。東洋経済調べ。2020年度のデータだが一部はそれ以前を含む

アフターコロナでどう変わる？

病院経営を読み解く　Q&A

メディチュア　代表取締役・渡辺　優

補助金の行方、診療報酬改定で何が変わるのか。患者にも役立つ知識を解説。

――【Q】医療法人の経営は企業とどう違う？

【A】一般的な企業との最も大きな違いは、民間病院であっても「非営利」である点だ。法人として剰余金が生じても、出資者に配当することはできない。医療法人は非課税だとの誤解が一部にあるが、株式会社と同様に法人税を負担する。

医療法人の中でも、救急医療や僻地医療などの高い基準を満たす法人は、「社会医療法人」として認定されている。この社会医療法人は、一部税金が減免される。その代わり、同族経営が認められず、理事などの報酬について支給基準を定めて開示する必要があるなど、より高い公益性と透明性が求められている。公益性の高さゆえに、医療法人の事業内容は、医療に関係することに限定される。医療機関を運営する以外には、医療従事者を養成する専門学校や疾病予防のためのフィットネス施設など、限られた事業しか認められていない。本業の医療経営が苦しくなったとしても、自由に事業を多角化できるわけではない。

医療法人のトップである理事長は原則として医師か歯科医師である。理事長は、医学的な知識や技術を研鑽している一方、経営について学ぶ機会にはあまり恵まれていない。近年は大学院で病院経営について学ぶ医師や歯科医師も増えている。

――【Q】病院の収支構造の特徴は?

【A】まず労働集約型の産業であることが特徴だ。救急や手術などを行う急性期病院では人件費率は50%程度、長期療養型や精神科の病院では60%を超えるところが多い。

病院の利益率は、平均1~2%と極めて低い水準だ。看護師の配置基準があるため、人件費は簡単に下げられない。利益率を上げるためには、病床稼働率をいかに上げるかがカギとなる。

医療サービスの単価は、厚生労働省が定める診療報酬点数表で決められており、病院が赤字であっても自由に金額を変えることはできない。そのため、新型コロナウイルスの影響で診療機能の制限や空床確保を行い、少しでも収入が減ると大きな赤字が生じてしまう。

■ 人件（給与）費が5割を超える ―1病院当たりの収支―

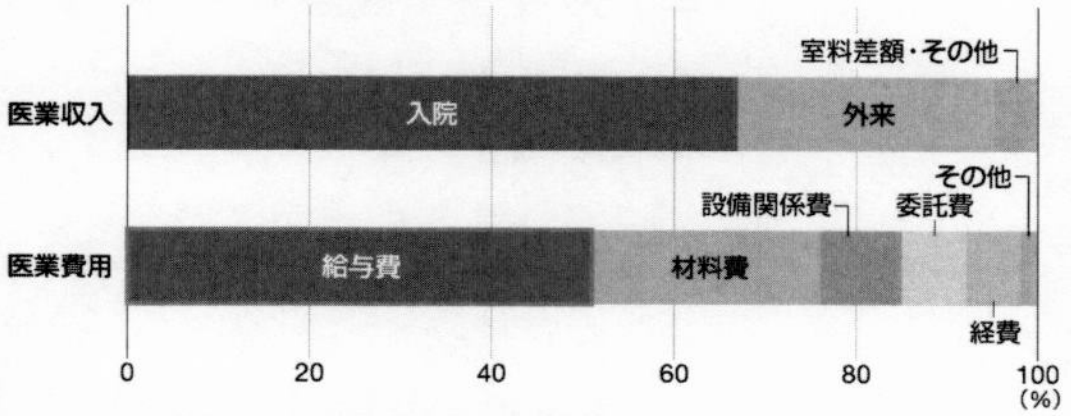

（出所）全日本病院協会「2019年度 病院経営定期調査報告」

――【Q】2022年の診療報酬改定は何が変わる？

【A】　診療報酬には、医療サービスの報酬に当たる本体部分と、薬や医療材料に当たる部分がある。そのうち、本体部分は22年、0・43％引き上げられる。

今回の改定のポイントは、コロナ患者を診るための「備え」に対し、評価が高くなることだ。感染防止対策に努める医療機関や、集中治療室（ICU）での専門職の配置に高い評価がつく。

限りのある医療資源を効率的に使うための見直しも行われる。手術や救急搬送患者の受け入れ実績のある病院の評価を引き上げる。このような病院は、機能と設備、人材の面で、コロナ患者の受け入れ態勢も整っている病院といえる。

かかりつけ医と病院の役割分担も推進される。22年4月以降、紹介状なしで病院を受診すると、自己負担が増える可能性がある。

クリニックからの紹介患者を中心に診る病院（紹介受診重点医療機関）の加算も新設。紹介元のクリニックへ診療情報を提供した際にもらえる料金（連携強化診療情報提供料）も手厚くなる。

――【Q】これから補助金はどうなるの？

【A】 コロナ対策の補助金は多岐にわたる。コロナ患者を受け入れるための空床確保や、人工心肺装置（ECMO）、人工呼吸器などへの費用補助。さらには医療機器を扱う医療従事者の研修や発熱患者対応のための体制整備、医療チームの派遣事業などに対しても補助金がつく。

政府は21年度補正予算と22年度予算を一体的に組む「16カ月予算」として、切れ目のない予算措置を行うとしている。当面は医療機関に対しても、感染状況に応じて必要な補助金が用意されるものと思われる。

空床確保への補助金（空床補償）は、「患者を受け入れていない病院がもらいすぎ」といった批判があることも事実だ。そうしたことを受け、21年12月から政府はコロナ病床を確保している病院の受け入れ状況を厚生労働省のホームページで公開している。こうした対策によって、より効果的な空床確保と患者受け入れが可能になることが期待される。

「もらいすぎ」といっても、医療法人は非営利のため、補助金により生じた剰余金を経営者に配分することはできない。今後も感染拡大が起こる可能性を考えると、剰余金を感染対策の設備投資や教育研修などに回すことができれば、決して無駄ではないだろう。

――【Q】コロナで影響を受けた診療科は？

【A】コロナ禍でクリニックの経営は非常に厳しくなった。テレワークが定着したことにより、大都市部のオフィス街ではほとんど患者が来ないクリニックもある。コロナの感染を恐れた受診控えも生じている。

その結果、20年4～5月の緊急事態宣言下では、小児科や耳鼻咽喉科で極端な受診控えが生じていた。

コロナ禍では感染リスクを抑えられるオンライン診療への置き換わりも期待されたが、医療従事者、患者双方とも大きな行動変容には至っていない。

その一方で飛躍的に需要が高まっている領域が、訪問診療や訪問看護といった在宅医療サービスだ。病院や介護施設などは、感染対策により家族の面会を制限するところが大半である。こうしたことから、自宅での療養を希望する患者や家族が増えているのだ。

とはいえ、複数の患者宅を訪問して診療するには、入念な感染対策が必要となる。医療従事者の身体的・精神的な負担は重く、そう簡単には事業を拡大することはできないだろう。「ニーズの高まり＝儲かる」とはならないはずだ。

渡辺　優（わたなべ・まさる）
2002年東北大学大学院工学研究科修了後、アクセンチュア入社。業務改革や管理会計のプロジェクトに参画。医療系コンサル会社を経て現職。

医療法人の経営力に明暗

新型コロナウイルスの感染拡大があった中、2020年度の医療法人の決算はどのように変わったのか。東洋経済は全国の大手医療法人を対象に、自治体へ届けられている決算資料を情報公開請求などで取得。22年1月時点で入手できた220法人の決算を分析した。

コロナ禍で外来患者の受診控えなど病院にとってマイナス影響も少なくなかったものの、220法人のうち120法人が増収となっていた。19年度と20年度の売上高(本来業務事業収益と附帯業務事業収益の合計)を比べ、増収率と減収率が大きかったそれぞれ上位15法人を示す。

増収率トップ15

順位	法人名	所在地	増収率（%）	売上高（億円）	主な病院名
1	大樹会	香川	241.8	71.1	総合病院回生病院
2	寿量会	熊本	221.5	89.1	熊本機能病院
3	恒貴会	茨城	105.5	55.1	協和中央病院
4	熊谷総合病院	埼玉	104.8	82.8	熊谷総合病院
5	友紘会	大阪	41.7	111.1	皆生温泉病院
6	若葉会	大阪	29.1	138.2	昭和病院
7	沖縄徳洲会	沖縄	27.0	1,837.8	南部徳洲会病院
8	晴風園	兵庫	22.2	88.1	今井病院
9	さいたま市民医療センター	埼玉	20.4	95.3	さいたま市民医療センター
10	伯鳳会	兵庫	17.3	288.1	赤穂中央病院
11	三成会	福島	16.0	212.6	南東北春日リハビリテーション病院
12	仁愛会	沖縄	14.9	162.9	浦添総合病院
13	祐生会	大阪	14.9	95.4	みどりヶ丘病院
14	恵和会	北海道	14.8	91.4	西岡病院
15	駿甲会	静岡	14.3	84.9	コミュニティーホスピタル甲賀病院

（注）売上高は本来業務事業収益と附帯業務事業収益の合計。病院名は医療法人の主な病院名 （出所）大手の医療法人（2017年度売上高が全国トップ300）の決算届を都道府県に開示請求。21年1月時点で入手できた220法人の財務諸表を基に東洋経済作成

売上高を伸ばした病院には、大きく3つのパターンがある。

1つ目は、決算期の変更によるもの。売り上げが倍以上に膨らんでいる上位の医療法人は、19年度の決算月数が4カ月（1位の香川県の大樹会と2位の熊本県の寿量会）、6カ月（3位の茨城県の恒貴会、4位の埼玉県の熊谷総合病院）と短いため、20年度比だと増収率が大きくなっている。うち、熊谷総合病院は、「病棟機能の見直しによる診療単価の向上などもあり、21年度も増収基調は続いている」という。

2つ目は病院の買収によるもの。売り上げが約4割増になった5位の友紘会（大阪府）は、同法人の理事長が個人で開設していた友紘会総合病院を20年5月に承継した。

6位で売り上げが約3割増えた若葉会（大阪府）は、20年4月にJR九州病院（現九州鉄道記念病院）を傘下に入れている。21年7月には六甲病院も買収するなど、積極的な拡大策を進めている。10位の伯鳳会（兵庫県）は20年7月に大阪中央病院を買収。13位の祐生会（大阪府）は20年4月に博愛茨木病院（現　茨木みどりヶ丘病院）などを買収した。

3つ目は、コロナ病床を確保した際に支給される空床補償の補助金が、収益を底上げしたケースだ。一定規模以上の医療法人は、空床補償の補助金が原則として売上高に計上される。コロナ対応を行った大手の医療法人では、この空床補償の上乗せで増収となったところが少なくない。

12位の仁愛会（沖縄県）は、主力の浦添総合病院で重症者も含め334床中40床（ピーク時）をコロナ病床として運用。計192人の感染者を受け入れ、22億円超の空床補償が経営を支えた。14位の恵和会（北海道）も、グループ内の帯広中央病院、恵庭第一病院、西岡病院の3病院で積極的に患者を受け入れている。

クラスター発生で大打撃

一方、減収率の大きい医療法人にはコロナによる爪痕が残る。

減収率トップ15

順位	法人名	所在地	減収率（%）	売上高（億円）	主な病院名
1	五星会	神奈川	▲19.8	83.4	菊名記念病院
2	尚和会	兵庫	▲17.1	59.7	宝塚第一病院
3	カレスサッポロ	北海道	▲12.0	76.5	北光記念病院
4	顕正会	埼玉	▲11.8	46.0	蓮田病院
5	寿会	大阪	▲10.7	91.7	富永病院
6	山紀会	大阪	▲8.5	55.6	山本第一病院
7	和幸会	大阪	▲8.5	56.9	阪奈サナトリウム
8	健貢会	東京	▲8.3	144.8	総合東京病院
9	原三信病院	福岡	▲7.3	110.3	原三信病院
10	保健会	千葉	▲7.1	75.5	谷津保健病院
11	松弘会	埼玉	▲7.0	88.6	三愛病院
12	三草会	北海道	▲6.3	56.6	千歳桂病院
13	SHIODA	千葉	▲6.2	59.7	塩田病院
14	厚生協会	東京	▲6.1	71.3	大泉病院
15	和楽仁	石川	▲6.0	45.2	芳珠記念病院

（注）売上高は本来業務事業収益と附帯業務事業収益の合計。病院名は医療法人の主な病院名。▲はマイナス　（出所）大手の医療法人（2017年度売上高が全国トップ300）の決算届を都道府県に開示請求。21年1月時点で入手できた220法人の財務諸表を基に東洋経済作成

減収率が最も大きかった五星会（神奈川県）は、20年4月に菊名記念病院で多くの医師が感染するクラスターが発生。当時は「稼働できる医師がほとんどいなくなった」（五星会の担当者）。一時的に病院を閉鎖する事態となり、入院患者はほかの病院へ移ったという。20年8月には入院患者を受け入れる態勢は整ったものの、その後も患者数は完全には回復しなかった。

減収率2位の尚和会（兵庫県）でも20年3月に、宝塚第一病院で患者や職員が感染する院内感染が発生。およそ1カ月の間、外来診療と新規入院、さらに救急受け入れも休止していた。

一方で、感染者を出さないための予防的な措置が業績に影響した法人も多い。8位の健貢会（東京都）は減収率が膨らんだ要因について、「院内感染・感染対策による一時病院機能停止・縮小など」と回答した。

12位の三草会（北海道）では、入院患者や職員の感染リスクを抑えるため、「コロナ感染者、さらには感染疑いのある発熱者の診療はすべてお断りしてきた」（三草会の担当者）。また、ほかの病院から受け入れていた転院患者も抑えたため、診療患者数の減少が収益に響いたという。

67%の増益となった徳洲会（大阪府）は、全国で71病院を運営する巨大グループだ。21年には徳洲会に沖縄徳洲会が統合した。グループ全体で、コロナ病床を835床設け、空床補償は100億円以上計上された。

安富祖久明理事長は、「本業ベースでは、通常の検査や手術は減少した。コロナ対応を優先して、原価や経費の目標管理が雑になっていたが、今後は引き締めていく」と話す。

民間病院へ融資を行う福祉医療機構の調査によると、コロナ患者を受け入れた病院の20年度の経常利益率は4・2%と、19年度の1・5%よりも上向いている。だが、コロナ対応関連の補助金を除くと、20年度の経常利益率はマイナス1・7%だ。

日本医療法人協会の加納繁照会長（協和会理事長）は、「補助金によって（収益を）保てたが、安心しているわけにはいかない。感染状況が落ち着けば行政から確保病床を減らせと言われる。平時に戻しても、空けた病床の稼働率を上げるには時間がかかる」と懸念を示す。病院はいつまでも補助金頼みを続けられない。コロナ後に向けた経営力が試されている。

（石阪友貴、井艸恵美）

コロナ禍で加速、廃業は最多に

迫るクリニックの「大淘汰」

地域住民の「かかりつけ医」となっているクリニック（無床診療所）の閉院が急増している。

民間信用調査会社の帝国データバンクによれば、2021年のクリニックの休廃業・解散、倒産件数の合計は450件。ここ10年ほど右肩上がりの基調が続いてきたが、21年はこれまで最多だった19年の406件を大きく上回り、過去最多を更新した。

■ クリニックの廃業や倒産は過去最多に —クリニックの休廃業・解散・倒産件数—

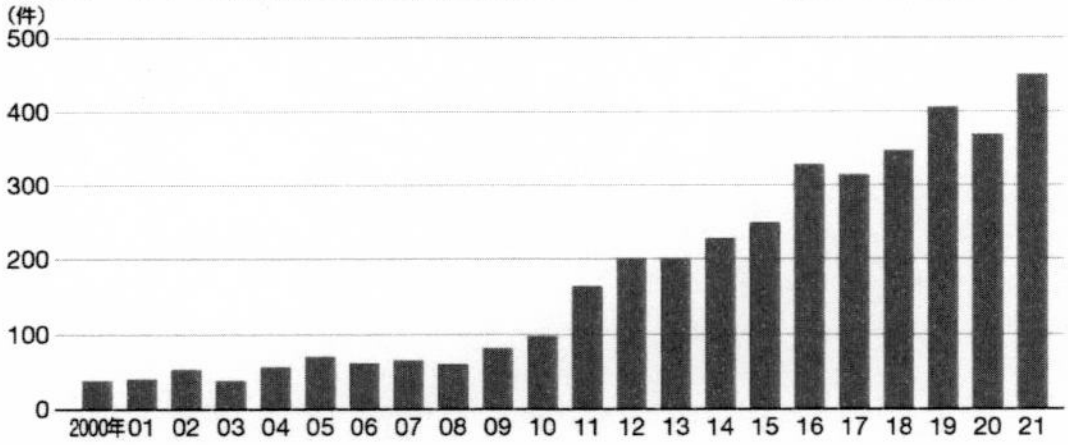

(出所)帝国データバンク

「21年はコロナ禍に見舞われた中でも産業全体の倒産件数は少なかっただけに、クリニックの廃業や倒産の急増は非常に特徴的な動きだ」。調査を担当した情報統括課の飯島大介副主任はそう話す。

確かに新型コロナウイルスの感染拡大が、経営不振に直結した診療科は少なくない。「診療科別の経営状況で最も厳しかったのは耳鼻咽喉科で、次いで小児科や整形外科、内科となった」（飯島副主任）。

マスク着用や3密回避、うがい・手洗いの励行などで、インフルエンザや風邪の発生が例年より減ったため、耳鼻咽喉科や小児科の患者は減少した。また外出抑制で高齢者の頻回受診が減ったことで、整形外科や内科の患者減につながったとみられている。

一方で、クリニックに対してはコロナ禍対応の各種補助金や緊急融資なども充実している。コロナワクチンの接種など確実に稼げる「特需」も少なくなかったはずだ。にもかかわらず閉院が急増した背景には、コロナ禍を経て改めて浮き彫りになった、他産業や病院とは異なる、クリニック独自の構造問題がある。

都心開業バブルは崩壊

その1つは、限られた都市部における新規開業の競争激化だ。厚生労働省の調査によれば、全国のクリニックの数は21年3月末時点で約9・7万施設。10年前と比較して1万施設近く増加している。

ただ、増えているのはもっぱら東京や大阪など都心部だ。「医師が希望するのは、関東圏では都内を除いては神奈川県でも横浜市、川崎市まで。埼玉県や千葉県は不人気」。クリニックの開設事情に詳しい医療コンサルタントはそう断言する。

都内においても駅直結の医療モールや、都心部のオフィスビル内の人気がひときわ高いが、こうした希少な立地の人気激戦区は、当然家賃が高額だ。

それでも開設が相次ぐのは、金融機関がクリニックへの融資に意欲的なためだ。「多くの地方銀行は、無担保で5000万円から1億円ぐらいまではすぐに出してくれる」(前出の医療コンサルタント)。

だが、こうした新規開業バブルの様相は、コロナ禍で一変した。国や自治体からのテレワークの要請で、オフィスビル群からビジネスパーソンの姿が消え、都心ビル内のクリニックは閑古鳥が鳴くようになった。加えて、海外からの旅行客が途絶えたことで、中国などアジア圏の富裕層から人気があった、美容整形やレーシック手術など、自由診療でのインバウンド需要も消滅した。

こうした事態を象徴するのが、2021年11月に起きた、ある医療法人の破産だ。もともと埼玉県内で個人創業した眼科クリニックを、19年に法人へ改組したことをきっかけに、20年に銀座、21年に新宿に分院を相次いで設立した。だが、コロナ禍で患者が減り赤字が続いたうえ、積極投資が裏目に出て事業継続を断念。自己破産を余儀なくされた。

「経営者は難治症例の治療を得意とする元医学部教授で、腕が確かだったことは間違いない。医療コンサルタントに乗せられて失敗した典型例だろう」。本件に詳しい関係者はそう話す。

もう1つがクリニック経営者の高齢化だ。帝国データバンクによれば、21年のクリニック経営者の最多年齢は66歳。10年前と比べて10歳上昇するなど高齢化が進み、世代交代が滞っている。

「1990年代初頭のクリニックの開業ラッシュから30年近く経ち、このとき開業した医師たちが引退の時期を迎えている。コロナ対応が一服して燃え尽き、引退を決意したという話を最近よく聞く」。医業承継に詳しい岸部宏一氏（行政書士法人・横浜医療法務事務所代表）は業界の実情を語る。

医療のオンライン化もそうした流れを後押しすることになる。「かつてレセプトのオンライン請求をきっかけに高齢の医師が引退したように、今後オンライン診療が本格化したら、世代交代は加速することになるだろう」（岸部氏）。

承継のハードルは高い

ただ、世代交代としてよくイメージされる、子どもなど親族への承継は実現されないことが多い。

「まず医学部入学のハードルが高い。そして医師になったとしても診療科が異なったり、海外留学先から帰ってこなかったり、勤務医として大病院の要職に就いたりと、なかなか親の思いどおりにいかないケースが多い」。医療経営支援を行う川原経営グループの赤羽根信廣・開発部部長は話す。「ましてや第三者への承継は、さらに難しいことが多い」。

スムーズな承継に欠かせないのは何か。「大学の医局や地元医師会など関係者と密接に連携し、どこともめずに開業できたことが大きい」と話すのは、勝どき小児クリニックの大戸秀恭院長だ。大戸院長は昭和大学の小児科医局に所属し、長年勤務医を務めてきた。40代となり開業を考え教授に相談したところ、東京・勝どきのタワーマンション内にある小児科クリニックの承継を打診された。

前院長は同じ医局の出身で、中央区医師会副会長を務めるなど地域の信頼を集めていたが、60代の若さで急死した。チェーン展開するクリニックなどが承継する話も出たが、関係者との調整が難航し頓挫。いったん閉院を余儀なくされたが、大戸院長が名乗りを上げると、トントン拍子で話が進んだ。中央区からの委託で病後児保育も手がけるなど、地域貢献への強い意識が評価された格好だ。

かつてのように誰でもクリニック経営に成功した時代は、とうに過ぎた。今後は地域医療を担う意欲に加え、周到な準備も欠かせないだろう。

（風間直樹）

〔スクープ〕「儲からないから」と判断した経営陣の裏切り

東京女子医大小児ICUチーム解体の内幕

ジャーナリスト・岩澤倫彦

女子医大が小児治療「最後の砦」解体へ——。東洋経済オンラインで2022年2月3日に報じたスクープは東京女子医科大学（東京・新宿区）を大混乱に陥れた。医療ミスによる小児の死亡事件を受け遺族や厚生労働省に約束した、小児ICU（集中治療室）の設立。これを説明もなく反故（ほご）にすることを暴いたからだ。女子医大の経営陣の迷走ぶりを報告する。

「『小児ICUは収益が上がらない。ウチには必要ないというのが経営判断』。そのように言われたと院長は話しました。少し涙ぐんでいたようにも見えましたね」

こう証言するのは、2月2日に女子医大の地下会議室で開かれた会議に参加したスタッフだ。

田邉一成院長らは、小児ＩＣＵチームが経営判断で解体されることを医師や看護師など約８０人に告げたという。

小児ＩＣＵでは、乳幼児から１５歳までの重症患者に、高い専門性を持つ医師と看護師のチームが２４時間体制で対応する。小児ＩＣＵで治療された小児患者は、成人用ＩＣＵで治療された小児患者と比べて、死亡率が3分の1という報告がある。

２０１４年2月、女子医大病院で手術を受けた2歳の男児が、麻酔薬・プロポフォールを過剰投与されて死亡した。この重大な医療ミスへの反省から、再発防止策として打ち出されたのが、小児ＩＣＵだった。

設立に奔走したのが女子医大病院のトップ・田邉院長である。

「田邉院長は国内に小児ＩＣＵ専門医が少ないので人選に苦労した、と2日の会議で話していました。『カナダの大学で活躍していたA氏を見つけて、２０年1月に一時帰国してもらい、岩本絹子理事長と面談。その場でA氏が小児ＩＣＵのリーダーに

なることが正式に決まった』。そんな経緯を説明してくれました」（前述のスタッフ）

「不採算」という誤解

Ａ氏が特任教授として着任することが決まると、一緒に働きたいと米、豪、国内から6人の小児ＩＣＵ専門医が集まった。専属の看護師たちは、Ａ特任教授の下でトレーニングを重ねた。

そして21年7月、女子医大・小児ＩＣＵチームが始動する。新型コロナでは重症になった子どもを受け入れ、全員が元気に退院した。

特筆すべきは、全国から搬送された極めて重度な病気の小児患者に対応してきたことだ。心臓移植を待つ小児の命を補助人工心肺で守るなど、「最後の砦」として医療界で高い評価を受けていた。

だが、現場を知らない女子医大の経営陣は、小児ＩＣＵを「目先の収益」でしか見ていなかった。田邉院長が行ったスタッフへの説明によると、小児ＩＣＵの始動から、わずか半年で「必要ない」と結論づけた。

小児ＩＣＵの第一人者である、植田育也氏（埼玉県立小児医療センター・小児救命救急センター長）は、次のように指摘する。

「そもそも女子医大にとっては、小児ＩＣＵの設立とその維持は、社会的責任ではないでしょうか。採算性に関しては、『小児特定集中治療室管理料』を算定できると、小児ＩＣＵは必ずしも不採算ではなくなる。これには1年間ほどかけて実績（※別のＩＣＵからの転院が年間２０症例など）をつくる必要があります」

女子医大のＸ教授によると、Ａ特任教授は「小児特定管理料」について理事会や教授会などで説明していた。岩本理事長を筆頭に理事たちは、この説明の場にいたこともわかっている。

「小児医療は不採算というイメージを変えると熱心に語っていました。『小児特定管理料』の算定が取れると、試算で年間数億円の収益（収入）アップになると。そのためには、１年程度の実績を積む期間が必要、という話でした」（Ｘ教授）

女子医大の小児ＩＣＵは、算定要件の２０症例まで、あと数カ月で到達するペースだったという。それなのに、半年経過した時点で「儲からない」と結論づけるのは、あまりに性急すぎる判断だと言わざるをえない。

会議があった22年2月2日の翌日、筆者は東洋経済オンラインで小児ＩＣＵチームの解体についての記事を出した。複数の関係者からの情報を事前に得ていたからだ。

そして翌4日、女子医大病院で定例の診療部長会議が開かれた。各診療科の部長（教授）ら約60人が顔をそろえると、冒頭から田邉院長への糾弾が始まったという。

「岩本理事長は田邉先生に対して、『2日の会議に誰が来たのか教えなさい』と厳しい口調で詰問していました」（Ｙ教授）

女子医大の最高権力者として君臨する岩本理事長。一方の田邉院長は手術ロボット・ダヴィンチの名手で、腎臓移植では国内有数の外科医である。しかし、岩本理事長にとって、医師の実績など関係ないらしい。

「『あの会議は、経営陣を追及するために開いたのですよね。録音テープがないというのはウソ、テープを出しなさい！』と理事長はすごい剣幕でしたが、田邉先生はのらりくらりとかわし、最後まで答えませんでした」（Ｙ教授）

「教授たちの前で田邉先生を吊るし上げにしたのは完全にパワハラです。今の時代、アウトでしょう。理事長としては、私たちに対する警告の意味もあったのかもしれません。もし私に盾突けば、同じ目に遭うわよと」（Z教授）

「誰も意見できない」

岩本理事長のパワハラ、強権にまつわるエピソードは取材をすると次々に聞こえてくる。

「激高すると、物を投げつけてくるのです。私は書類を顔の前で、ビリビリと破られたことがありました」（元職員）

「意見されるのが大嫌いで、気に入らない教授は左遷や降格人事にしました。イエスマンしか生き残れません」（別の元職員）

創業者一族の岩本理事長は、13年に女子医大の同窓会組織「至誠会」の会長となって、強い影響力を得た。最高決定機関の理事会は、過半数が至誠会メンバー。議決では絶対に負けない。

「大きな決定事項は、理事会に諮りますが、岩本理事長に誰も反対できません。理事会は形骸化しています」（複数の職員）

一部に、「岩本理事長は強いリーダーシップを持つ経営のプロ」と評価する声もある。プロポフォール事件を契機に、女子医大は赤字に陥った。この厳しい状況を副理事長（当時）の岩本氏が大胆な人件費カットによって黒字転換させたのである。

ただし、この手法は評価が分かれている。医師や看護師が激減して、診療現場に残ったスタッフに過重な負担がかかっているからだ。

１９年に理事長に就任してからは、岩本氏の方針が物議を醸すことが目立つ。翌年、新型コロナの対応で疲弊する職員に、ボーナスカットを宣言（報道後に撤回）。２１年は労働時間を変更すると一方的に通告した結果、１００人超の医師が一斉退職する事態となった。

小児ＩＣＵチームの解体も、岩本理事長の強い意向だという。

「目先の収益で小児ＩＣＵの存続を判断するなんて、誰が考えてもおかしい。でも

情けないことに女子医大ではそれがまかり通ってしまうのです」（Z教授）

小児ＩＣＵチームの解体で医療安全と社会の信頼を同時に失った女子医大。経営トップの責任は極めて重い。

岩澤倫彦（いわさわ・みちひこ）

ジャーナリスト、ドキュメンタリー作家。テレビディレクターとして「血液製剤のC型肝炎ウイルス混入」報道で新聞協会賞、米・ピーボディ賞。

製薬マネーと医師　最高額は4年で9000万円

製薬会社にとっての顧客は、患者でなく医師である。製薬会社の売り上げの約9割を占める「医療用医薬品」は、医師による処方箋が必要だからだ。

その医師が、製薬会社から得る副収入はどれくらいなのか。

探査報道専門メディア「Ｔａｎｓａ」とＮＰＯ法人医療ガバナンス研究所が作成した製薬マネーデータベースから集計したところ、２０１６年度から１９年度の４年間に毎年連続して１０００万円以上を受け取っていた医師は５５人いた。最高額は佐賀大学医学部の野出孝一教授（循環器内科）の９３６９万円だった。

高額受領者は学会理事やテレビ出演の多い著名な医師たち

2016～19年度の個人での製薬マネー受け取りトップ10

順位	医師名	所属	専門領域	総受取額	最も受取額が多い1社	1社からの受取額
1	野出孝一	佐賀大学教授	高血圧など	9369万3160円	田辺三菱製薬	2245万3564円
2	中村 祐	香川大学教授	認知症	8873万[illegible]	第一三共	2970万5656円
3	加来浩平	川崎医科大学特任教授	糖尿病	8801万[illegible]	アステラス製薬	1514万1109円
4	小田原雅人	東京医科大学特任教授	糖尿病	8609万[illegible]	日本ベーリンガーインゲルハイム	1473万1581円
5	伊藤 浩	岡山大学教授	心不全など	8489万3950円	第一三共	3062万1052円
6	山下武志	心臓血管研究所所長	不整脈	8388万[illegible]	第一三共	4108万5490円
7	横手幸太郎	千葉大学教授	糖尿病	8258万[illegible]	MSD	1314万7919円
8	田中良哉	産業医科大学教授	リウマチ	8186万[illegible]	第一三共	1362万4732円
9	竹内 勤	慶応大学教授	リウマチ	7729万6308円	田辺三菱製薬	1627万6368円
10	三鴨廣繁	愛知医科大学教授	感染症	[illegible]	MSD	1354万1016円

（出典）製薬マネーデータベース

数千万円以上の受け取りが常態化

4年間で毎年1000万円以上の受け取りがあった医師55人の内訳

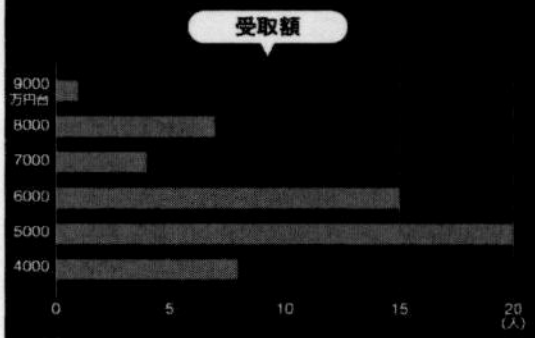

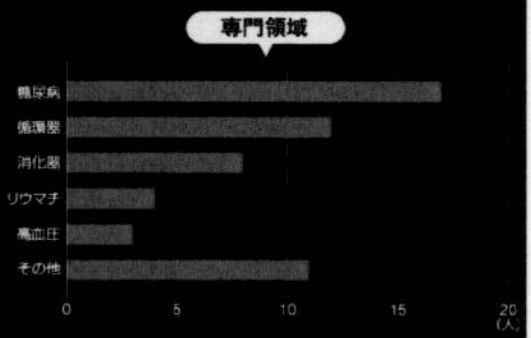

（出所）製薬マネーデータベース

この55人を専門の疾患別で見ると、糖尿病を専門とする医師が17人でトップ。循環器が12人、消化器が8人、リウマチが4人だった。医師個人への製薬マネーが集中するのは、糖尿病など患者が多いうえに、効果に大差のない薬がいくつも競合している分野だ。

医師の副収入となる製薬会社による支払いは、約8割が講演会への謝金だ。講演会は医師を対象に製薬会社主催で開かれる。

製薬会社の複数の営業経験者は、講演会の狙いについて「自社の薬に有利になるよう露骨な宣伝は避けつつ講演してもらう」と明かす。医師が講演で使うスライドを製薬会社の担当者が作成する場合もある。講演会は製薬会社の販売促進の場となってきたのが実態だ。

こうした謝金の受け取りがあまりに多額になると、支払い元である製薬会社の薬の処方や研究を歪める可能性がある。

新薬を承認する厚生労働省の審議会では、過去3年のうち審議する製薬会社からの受取額が年間500万円を超える年度がある場合は審議に参加できず、年間50万円を超える年度がある場合は議決に参加できないというルールを定めている。

患者の利益が無視された

医師への製薬マネーを透明化しようとする動きは、米国で始まった。きっかけは1999年、ペンシルベニア大学で実施していた新薬の実験で、18歳の被験者が死亡した事件だった。担当医は新薬を開発する会社の大株主で、被験者の少年に新薬の副作用について十分に伝えていなかった。

事件以降、製薬会社と医師との金銭関係を透明化しようという動きが加速。13年には製薬会社から医師への10ドル以上の支払いは、医師の個人名と共に公開することが義務づけられた。

日本で起点となったのは「ディオバン事件」だ。ノバルティスファーマが製造する高血圧治療薬ディオバンの臨床試験データを、京都府立医科大学がノバルティスに有利に歪めたことなど不正が相次いで発覚したのだ。同社は臨床試験を行った5大学に対し、10年間の総額で11億円を超える奨学寄付金を提供していた。

米国での動きにディオバン事件も加わり、国内の製薬会社は13年から自社ホームページで医師への支払い情報の公開を始めた。翌年には日本学術会議が製薬各社でつくる日本製薬工業協会に対し、各社の公開情報を統合しデータベースを作成するよう提言した。医師や大学がどの製薬会社から多く金銭を得ているか比較できるからだ。

しかし、製薬協はいまだにデータベースを作成していない。現在製薬マネーの全容を知ることができるのは、Ｔａｎｓａと医療ガバナンス研究所が１６年度公開分から作成し、製薬マネーデータベースとして無料で公開しているもののみだ。

製薬マネーデータベースは１９年１１月、衆議院厚生労働委員会の審議でも使用され、データベースで文部科学省が大学勤務医を調査した。その結果、年間１５００万円以上の副収入を得ている医師が２９人いたことが判明し、文科省の政務官が「社会的信頼を得ることが重要だ」と指摘した。

これを受けて、全国医学部長病院長会議が２０年１１月、「製薬企業等からの謝金等の受領の在り方に関する提言」を出し、講演会の年間の上限数を決めることや、謝金は本給を目安にすることなどを提言した。

医師たちの回答は?

では当事者である医師たちは、自らと製薬会社との関係をどのように考えているのか。本誌は4年間の副収入受取額の多い上位10人に所属大学や病院を通して質問状を出した。

期限までに回答があったのは3人だった。いずれも講演活動は特定の製薬会社に有利に働くことはなく、問題がないと回答した。

「診療、教育、研究業務が最優先であり、それには一切影響しない範囲での活動であり、所属機関からの指導等はない」(岡山大学・伊藤浩教授)

「資金提供状況をすべて開示し、研究の公平性と透明性を担保して社会に対する説明責任を果たしている」(千葉大学・横手幸太郎教授)

「情報にアクセスすることが少ない地域の医師や患者、家族を含めた社会全体のためになるように努めている。全国医学部長病院長会議の提言の趣旨に鑑み、利益相反のないように学内手続きに則って行った」(慶応大学・竹内勤教授)

医師のプロフェッショナル教育や利益相反について研究する愛知医科大学の宮田靖志教授は、「資金提供の金額だけでなく、講演会での発言内容などの実態を見ることも重要だ」と指摘する。講演自体には製薬会社に有利な内容がなくても、前後に製薬会社が薬の宣伝をしているケースもあるためだ。

製薬マネー関連の研究や勉強会に興味を示す医師は少ない。「若手医師や学生への教育や、発言力のある医師たちが声を上げるなど、地道な意識改革が必要だ」（宮田教授）。

最新データでは一転減少

だが製薬マネー全体の動きは、コロナ禍を経て変化が起きている。ほとんどの会社で支払額が減少している。

とくに減少が顕著なのは講演会謝金などの項目だ。コロナの感染拡大防止のため、製薬会社が主催する講演会や勉強会は軒並み中止やオンラインでの開催となり、影響が色濃く出た。

一方で臨床研究などの費用については一部の企業で増加していた。中でもコロナ関連で承認にこぎ着けた医薬品やワクチンを販売する、ＭＳＤや中外製薬、アストラゼネカなどで支払いが増加している。

アビガンを販売する富士フイルム富山化学も臨床研究費が増加しており、この傾向は２１年度でも継続しているという。

大学の研究室などに支払われる奨学寄付金は、打ち切りを表明する会社も出てきている。使途が自由であることから不正の温床ともなってきたためだ。

武田薬品工業は２１年度で奨学寄付金の支払いを終了する。取材に対し、「医療関係者と製薬企業を取り巻く環境変化から、研究支援に対するより高い透明性と公平性の確保が求められる中、中長期的に検討を重ねた結果、終了する決定をした」と回答した。

医師や製薬会社には患者の命を預かる責任がある。資金提供がその使命を歪めることがないよう、社会全体でも透明化を求めていく必要があるだろう。

（辻　麻梨子）

国民に露呈した「経営者団体」の正体

不信感渦巻く「日本医師会」

医薬経済社編集部 記者・槇ヶ埣智彦

「これまでの基本的な感染対策をしっかりと続け、オミクロン株の正体がわかるまで正しく恐れましょう」

新型コロナウイルス感染症の流行により、一気に露出度を増した日本医師会。毎週水曜の定例会見は、テレビ、動画配信サイトなど、多くのメディアで中継されるようになった。日医の内外で「こわもて」と評される中川俊男会長の「国民向けの呼びかけ」が、お茶の間に届くようになった。

ただ、すこぶる評判が悪い。感染防止の徹底、感染者増による医療の逼迫、時には新型コロナ患者に接する医療従事者への風評被害への懸念などを発信し、一時的に共感を呼んだ時期もあった。しかし、今では批判的な声がやまない。露出度アップがイメージ向上につながるどころか、むしろ日医への不信感を強める結果に結び付いてしまっている。

スキャンダルが引き金

反感を買う最も直接的なきっかけとなったのは、2021年5月に報じられた中川会長の2つのスキャンダルだ。

1つは、東京にまん延防止等重点措置が適用されていた21年4月20日に、発起人として大規模な政治資金パーティーを都内のホテルで開いていた「自粛破り」だ。自身が後援会長を務め、日医の組織内候補である自民党・自見英子参議院議員のために、日医の常勤役員14人を含む約100人が集った会合に出席した。

「万全の感染防止対策こそが結果として最強の経済対策。週末からの大型連休は、一人ひとりの行動がわが国の行く末を決めることになる」。パーティーの存在が世に知られる前の4月28日には、3回目の緊急事態宣言の発令を踏まえ、そんな表現で国民に感染制御への協力を呼びかけていた。大型連休明けにパーティー出席が報道されると、「国民には自粛を強いておいて自分はやりたい放題か」と、批判の声が相次いだ。

さらに5月20日には、感染拡大が続いていた2020年夏に、女性と〝3密〟の高級すし店で会食していたことが問題視された。

女性は日医のシンクタンクである日本医師会総合政策研究機構の主席研究員で、中川氏が会長就任以前から重用してきた人物だ。会長就任後、日医総研の成果報告の場で中川氏がこの女性を褒めちぎるなど、周囲から「ひいきが過ぎる」と不満も漏れていた。

このすしデート報道後、日医には苦情や抗議の電話が殺到。代表電話の回線は事実上ストップし、新型コロナ対応で連携を取らなければならない都道府県医師会との連絡もメールや直通電話で代替したほどだ。

これが決定打となり、世間だけでなく、日医、都道府県医師会の関係者からも辛辣な声が浴びせられた。「堅物で、愚直に、率直に意見を言うところが中川さんの魅力だったのに、これではいっさい説得力がなくなる」。

「経営者団体」の日医

ただ、周囲がそもそも日医を「医師の代表」として持ち上げ、世間向きのメッセージを発信させていたこと自体に無理があったともいえる。「日医は、日本の医療を支える公益社団法人格を持つ『学術専門団体』」。医療業界に関わっていて、こんな表向きの説明を真に受ける人はほとんどいないだろう。日医は開業医らの利益を守る「経営者団体」。こう捉えるのが業界の常識といってもいい。

これは日医の会員構成を見れば明らかだ。21年12月1日時点の日医の総会員数は17万3895人。組織率は全国の医師数32万7210人（18年末時点、厚生労働省）の約53％にとどまる。さらに日医の会員の約48％は、診療所や病院の経営者、病院長ら「A1会員」だ。

■ **実は「経営者団体」の日本医師** ―日本医師会の会員構成―

	総会員数（人）	173,895
意思決定	病院・診療所開設者らA1会員	82,946
	勤務医ら A2（B）会員	40,886
	研修医ら A2（C）会員	3,290
	保険未加入の勤務医ら B会員	43,281
	保険未加入の研修医ら C会員	3,492

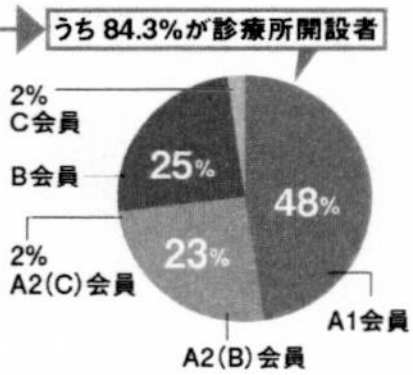

（注）2021年12月1日時点、保険とは日本医師会医師賠償責任保険のこと（出所）日本医師会

このA1会員が、役員選挙などを含め、事実上の意思決定を担っている。加えていえば、このA1会員の84・3%が「診療所開設者」で「診療所の意向を最大限に尊重した会務運営が基本」（日医関係者）となる。

一方、新型コロナの脅威と現場で向き合う勤務医らは立場の劣るA2会員以下。そもそも、多忙な勤務医には団体活動にいそしむ時間もない。結果として、開業医らが関心を持つ経営面の問題が重視され、勤務医は軽視される状況が、構造的に存在し続けてきた。

開業医という地元の名士の集合体で、自民党議員らとの太いパイプを持ち、資金力も豊富。圧倒的な政治力を持つ日医に対抗できるような別の医療関係団体もない。医療制度の方向性を決める厚労省の会議には必ず日医の役員が委員として参加し、議論をリードする。医療機関の経営原資となる「診療報酬」の振り分けを決める〝本丸〟の中央社会保険医療協議会（中医協）には3人もの役員を送り込んでいる。

こうして「入院医療よりも診療所などの外来医療の評価に偏重している」（民間病院経営者）といわれる医療体制がつくり上げられた。中川会長は135床の病床を持つ札幌の脳神経外科病院の理事長だが、それでも「病院冷遇」への不満は根強い。

「診療所の損になることには徹底的に抵抗する」。この行動原理さえ理解できれば、日医が次の制度改革に反対するのか、賛成するのかを、容易に予測できる。

例えば、患者を病院に奪われかねない「オンライン診療」の拡大には反対。処方箋なしに薬局で買うことができる一般用医薬品の拡大にも反対。受診抑制につながる患者の窓口負担割合引き上げにも反対、といった具合だ。

もちろん、日医もそれぞれの施策について懸念を論拠立てて反論する。負担増への反対のように、患者の視点と重なる部分もあるが、自民党議員が「診療所の利益を守ることが日医の意向に沿うこと」と話すほど、こうした姿勢が基本軸とみられている。

そんな日医は、新型コロナの流行によって世間への露出が増えても、組織体質を変えられなかった。定例会見でも、新型コロナで日本全体が疲弊する中、従来どおり医療機関の経営状況の逼迫、診療所などが不利益を被る財務省の改革案への抵抗といった医療機関の「経営者目線の発信」を続けた。

中川会長の醜聞だけでなく、こうした姿勢がそのまま世の中に伝わってしまったのも不信感の一因だろう。

大反対した施策も受容

そんな中、中川会長ら日医執行部が会内向けに最もアピールできる2年に1度の診療報酬改定もパッとしない結果に終わった。

診療報酬は「医師らの人件費」の原資などと説明されることが多いが、より正確にいえば、医療機関が提供するサービスの「単価」を決めるものだ。改定前年の年末までに、まず厚労相と財務相の大臣レベルで、全体の改定率の上げ下げを決める。

その決定に向けた過程で、日医は自民党の厚労関係議員らを巻き込み、引き上げを目指す厚労省を後方支援する。どれだけ影響力を発揮できるかは、任期が1期2年である日医会長の最大の見せ場といえる。

しかし、中川会長はここでも際立った仕事はできなかった。21年10月の岸田文雄政権発足から、岸田首相と会うこともままならず、自民党の有力議員らも中川会長らを「非協力的」とみていた。

当時の安倍晋三首相や麻生太郎財務相とのホットラインを形成していた前任の横倉

義武会長とは対照的で、日医は半ば〝蚊帳の外〟に置かれ、厚労省と財務省の折衝が進んだ。

結果としては、22年度診療報酬改定率は国費300億円程度を投入する「+0・43%」で決着。横倉前会長が務めた12年からの4期8年間での改定率の実質平均値「+0・42%」を上回る成果を得ることはできた。

ただ、見かねた横倉氏の自民党幹部へのフォロー、22年夏の参院選へ向け日医の協力を重んじた岸田首相の政治判断があってこその結果だったとされる。厚労省と財務省の事務レベルの調整で折り合いがつかない場合に、官房長官が間に入る例は過去にあったが、今回は12月19日の「日曜」に「首相公邸」で改定率が固まるという異例の結末を迎えた。

こうした背景から、改定率自体は日医に配慮したものとなっても、付随する「条件」として、とくに開業医らにとって厳しい項目が並んだ。岸田首相肝煎りの「看護師らの処遇改善」などのため、病院への財源の手当てを行う方針のほか、財務省の意向を受け、これまで日医が大反対してきた施策の実現が求められたのだ。

それが「リフィル処方箋の導入」である。欧米などで導入されている制度で、「一定期間内に繰り返し使える処方箋」を医師が出せるようにするものだ。これにより、病状の安定した患者はしばらく医療機関で再診を受けずに、薬局で医薬品を手に入れることができる。

診療所での受診の抑制や、薬局の薬剤師に処方権を一部譲ることにつながるとの見方もあり、これまで日医は強硬に反発してきた。その前線に立っていた一人が副会長時代の中川氏で、「服薬管理はかかりつけ医のど真ん中の役割」と、当時は政府内で浮上した改革案を一蹴していた。

だが今回、体裁を保てる改定率と引き換えに、導入を認めることになった。診療所などの再診料が抑制される試算ものんだ格好だ。

過去にも改定率の交渉段階で、日医の反対する施策が盛り込まれる例はあったが、今回は「とくに大きい」とみる向きがある。

世間にも会内にもよい印象を残すことができない日医。22年に入り、新型コロナ・オミクロン株の大流行によって、入院対応から診療所中心の医療へ急速に移行している。今こそ存在感を示すべきタイミングともいえるが、「発熱外来の設置を積極的に公表していない医療機関がある」などと、厚労省やメディアからさっそく苦言も飛び出している。

「改定率の数字そのものは悪くなかったから（6月の会長選挙で）中川さんにもう1期任せようという動きもあるが、今後1～2カ月の展開次第で、別の候補者を立てようとする勢力が力を増してきてもおかしくない」。関係者からはそんな声も聞かれている。

経営的な視点も医療体制の維持に欠かせないものであることは否定できないが、医療現場の最前線で奮闘する医師、患者にとって有益な組織であることを期待したい。

槇ヶ垰智彦（まきがたお・ともひこ）
2010年医薬経済社入社。薬事や医療保険行政、医療関連の不正に関する調査報道を中心に取材活動を展開。主に日刊紙「リスファクス」や「医薬経済オンライン」の記事を執筆。

「病院と医療保険の統合再編は待ったなし」

慶応大学名誉教授・池上直己

――厚生労働省は、公立・公的病院の集約化を打ち出しています。将来的には民間病院も対象にしたいと考えているはずです。こうした動きは今後、加速しますか。

病院の開設者はさまざまだ。国公立は全体の1割程度にすぎず、最も多いのは診療所から発達した私的な病院。それ以外にも済生会や日本赤十字社のような公的性格を有する全国組織の病院があり、これらの病院が中核となっている地域もある。つまり病院は各地域において計画的に配置されてきたわけではなく、それぞれの病院の方針に従って診療体制を確立してきた。

地域ごとに異なる医療提供体制になっているため、患者の受診する病院を規模や開設者などの一律な基準によって国が制限することは難しい。同様に、国が規定した統一的な基準に従って、地域の病院の再編を公立・公的病院に限って行うことも難しい。

――そうすると、集約化の動きに民間病院も加わらなければいけないということですか。

そのとおりだ。これからは医師の専門志向が強まるので、病院は専門医を獲得・保持するために、医療機器や病院施設をいっそう整備し、事業化を進める必要がある。公立・公的病院の統合によって中核病院が誕生すれば、周辺の病院は専門医療の提供が難しくなる。したがって民間病院も、公立・公的な病院との統合を進めるべきだ。

――高齢化への備えとして、病床機能の再編も進められています。

病院の開設者と各病院の提供する機能は、地域ごとに異なる。国は病床の種類を急性期や慢性期といった4つに分類し、全国一律に病床再編を進めようとしているが、地域の実態に合わない。私は都道府県に病院を再編する役割を与え、地域の実情に合った形にするのが望ましいと思う。

国の規定した医療計画のもう1つの問題は、各都道府県が2次と3次の医療圏を定めて医療供給体制を整備するように求めてきたことにある。ところが、実際の患者の受診行動を見ると、2次医療圏のくくりと乖離していることが多い。したがって、医療圏の見直しが必要である。

――民間病院によるM&A(合併・買収)はどう見ますか。

医療費の抑制によって赤字の病院が売りに出されるケースは水面下で起きている。あるいは地方の病院グループが地元の人口減少を見据え、大都市に進出している場合もある。しかし買収された病院の多くは、基本的に買収前と同じ医療サービスを提供している。つまり、予防からリハビリテーションまでの垂直統合、あるいは地域における急性期医療の独占という形での水平統合は進んでいない。競合も存在するので、大胆な転換は難しいという事情もあるだろう。

医療を効率的に供給するためのより大きな課題は、医療保険と介護保険の統合再編だ。高齢者には医療と介護の両方のサービスが必要で、こうした需要に適切に対応するためにも統合再編が必要だ。

――医療を考えるうえで重要な健康保険組合は、それぞれの組合で保険料が違います。

現状では、国民健康保険などと合わせ3000以上の保険が存在し、保険料がそれぞれ異なる。公務員や大企業の保険料は一般に低いが、自営業者や退職者が加入する国保や、中小企業に勤務する人が加入する協会けんぽの保険料は高い。これは公平性の観点から問題である。税金は累進課税によって高所得者ほど税負担が重くなっているが、保険料は加入者の平均所得が高いほど、低くなっている。このような保険料負担の逆進性を改めるべきだ。

（聞き手・長谷川　隆）

池上直己（いけがみ・なおき）

1949年生まれ。慶応大学医学部卒。慶大で医療政策・管理学教室教授を務め、現在、久留米大学医学部客員教授。医療・病院管理学会理事長、医療経済学会会長などを歴任。

看護師の賃上げは難しい

「厄介なことをしてくれた」。大阪府内で複数の民間病院を経営する理事長はそう漏らす。岸田文雄政権が目玉政策として掲げる、看護師の賃上げのことだ。

政府は、22年2月から看護師の給与を1％（月4000円）、10月からは3％（月1万2000円）まで引き上げる方針だ。この賃上げにかかる費用は、9月までは処遇改善の補助金、10月以降は診療報酬の加算で賄われる。

しかし、すべての看護師の給与が上がるわけではない。賃上げの対象となるのは、救急搬送件数が年間200台以上といった一部の急性期病院のみだ。

「同じグループ内でも、補助金がもらえない病院では給与を上げられない。上がると思っている看護師から不満が出そうだ」と、冒頭の理事長は頭を抱える。

しかも、病院が得る補助金や加算は、看護補助者や理学療法士といったほかの医療職の賃上げにも使える。その配分は事業者の裁量に委ねられている。別の関西の病院経営者は、「看護師だけ給与を上げるわけにはいかない。補助金のうち半分は看護師、残りをほかの医療職に回すつもりだ」と言う。

こうしたことから、実際に給与が上がる看護師は一部に限られ、少額の賃上げにとどまりそうだ。

そもそも看護師の賃上げは、なぜ必要なのか。財務省は21年11月の財政制度等審議会で、看護師の月収は平均39万円（月収換算した賞与を含む）で、全産業の平均35万円を上回ることを示した。

だが、この収入は夜勤手当を含む賃金だ。夜勤手当は2交代制で1回1万円ほど。「夜勤がない部署に異動したら、月に5万～6万円下がった」（都内で勤務する看護師）というくらい、夜勤手当の占める割合が大きい。不規則な生活となる夜勤は、身体的負荷も重い。例えば、3交代制では朝から夕方までの日勤の後に、0時から朝までの深夜勤務が続くこともざらだ。

このように24時間体制で患者をケアするのは、医療職の中でも看護師だけだ。この業務負担にもかかわらず、経験を積んでも給与が上がりにくい構造となっている。厚生労働省の調査によると、看護師の賃金水準は20代前半では全産業平均より高いが、30代以降は逆転。就業者が最も多い40代前半では約7万円の開きとなり、この差は年齢が上がるごとに拡大していく。

各種技師や療法士など、ほかの医療職と比較しても、20~30代は夜勤手当がある分、他職種よりも高いが、年齢が高くなるにつれ逆転し、50代以降は最低水準になる。

賃金が上がらない理由について、看護専門職団体として政策提言を行っている「看護未来塾」の田村やよひ氏は、「多くの民間病院も参考にする『医療職俸給表(三)』の級の作り方が他職種に比べて粗い」と指摘する。

国家公務員に適用される人事院の「医療職俸給表(三)」では、新人から副看護師長までの約8割が同じ級に留め置かれる。高度な専門性がある専門看護師や認定看護師ですら、同じ級だ。1つの病棟を管理する看護師長になって初めて、その上の級に昇格する。

「看護師は圧倒的多数が、管理職のポジションに就けない。病院に800人看護師がいても看護部長は1人だけ。級の上がる道筋が狭く、全体の給料が抑えられている」（田村氏）

サービス残業が常態化

「賃上げするより先にサービス残業をなくしてほしい」。こう話すのは、都内の民間病院で働く女性だ。以前働いていた大学病院では、勤務していた3年間に定時で帰れたことは一度もなかった。勤務時間内で終わらないのが当たり前だったため、残業代の申請がしにくく、ほとんどがサービス残業になっていた。

勤務前にも1時間ほど早く来て、患者の情報収集や点滴の準備をしなければならない。こうした始業前の準備は「前残業」と呼ばれ、看護の世界では慣習化している。

「使命感だけではこの働き方は続けられない。賃上げより先に、実働に対して適切な給料が出ることが離職率の低下につながるのではないか」と女性は言う。

「患者へのケアを充実させるには、時間内では収まらないことがある」。こう話すのは、神戸市看護大学の南裕子学長（看護未来塾世話人代表）だ。南氏は、「サービス残業は是正されなければならないが、働く時間が短くなった分の人員増はなく、ケアの質が低下するのではないか」と懸念する。

残業時間が増える背景には、慢性的な人員不足がある。救急患者や重症患者を受け入れる急性期病院では、患者7人に1人の看護師が対応する体制だ。しかし、この比率は1日を平均したもののため、日勤の時間帯は7対1でも、夜勤では1人が10人以上の患者を担当しているのが現実だ。

「諸外国ではすべての勤務シフトで同じ配置基準が守られている」と、四天王寺大学の岡谷恵子教授は指摘する。日本の病床100床当たりの看護師数は、OECD（経済協力開発機構）加盟国の平均より少ない。

■ 日本は病床当たりの看護師数が少ない
―病床100床当たりの看護師数―

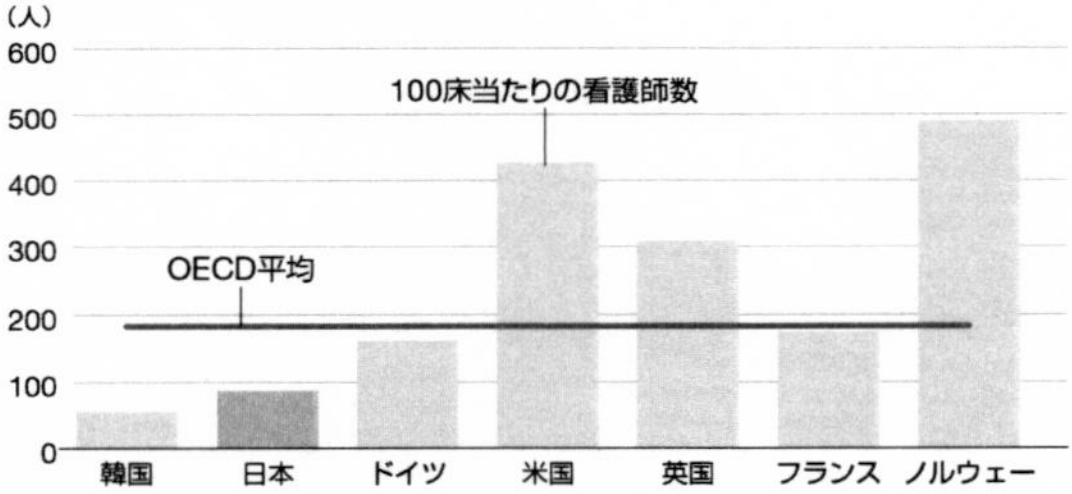

（出所）OECD Health Data 2017

7対1の看護体制は、2006年から始まった配置基準だ。その後、医師の仕事の一部を看護師が代わって行うタスクシフトが進み、看護師の業務は増えている。それでも、基準はそのままだ。「高い配置基準にすれば、過重労働が解消されるのではないか」（岡谷氏）。

看護師不足の深刻化はこれからだ。厚労省の看護職員需給分科会の資料によると、団塊の世代が75歳以上になる25年には、看護師が6万〜27万人不足すると推計される。その一方、資格はあるが就業していない潜在看護師は、厚労省の推計で71万人いる。

女性が9割を占める看護師は、退職理由で最も多いのが出産と育児だ。だが、産休や育休から復帰できても、育児のために夜勤に入れず、賃金の減ることが多々ある。

国立病院機構で働くある看護師は、「妊娠したら夜勤や超過勤務が免除されるが、その分同僚に負荷がかかってしまう。それで働き続けて流産した同僚を何人も見てきた。小学校に入る前までしか育児支援制度が使えず、それが退職のきっかけになる」と話す。

コロナ禍特有の離職も起こっている。千葉県の民間病院で働いていた女性は1年前、うつ病を発症して退職。高齢者が療養する病院だったため、「自分が感染させたら最後」と、日用品の買い物以外は外に出ない日々が続いていた。

看護師は患者の最期のときまで、家族を含めたケアを行う専門職だ。その給与体系と労働環境が改善されなければ、看護師不足は加速するばかりだ。

（井艸恵美）

医学部　ブラック職場で志願者減

「2022年は医学部の志願者数がさらに減るかもしれない」。こう話すのは医学部受験の専門予備校、メルリックス学院の鈴村倫衣学院長だ。

同校がまとめた1月時点の医学部志願者数（公表している私立10大学を集計）は前年比8％減。1月時点なのですべての入試が終わる3月まで志願者数は確定しないが、現段階の数字は受験者の傾向を読む先行指標となる。

医学部の人気はここ数年、じりじりと下がり続けている。私立大医学部の志願者数は18年の11万2275人をピークに、21年は9万4496人にまで減った。10万人を下回るのは13年以来だ。

さらに22年は、主に国公立大学医学部の受験生が対象の「大学入学共通テスト」

が荒れに荒れた。大学入試センターが2月7日に発表した「実施結果の概要」によると、平均点は「数学Ⅰ・A」が37・96、「数学Ⅱ・B」が43・06、「化学」が47・63、「生物」が48・81と軒並み低い。とくに「数学Ⅰ・A」は過去最低の見込み。共通テストが実質の〝足切り〟となる国公立では、共通テストの思わぬ失点から、医学部受験を控える層が増える可能性がある。

医師という収入と地位が安定した職業への道が開けるにもかかわらず、医学部人気はなぜ下がっているのか。鈴村氏は「今の若者はワーク・ライフ・バランス重視。医師のブラック労働などが知られる中、過酷な仕事をしたくないと考える受験生が増えている」と指摘する。

受け皿は情報系

そういった受け皿となっているのが難関大の情報系専攻だ。時流に乗ったAI（人工知能）やビッグデータなどが学べるため、人材への需要は企業から高い。情報系企業はリモートワークにも積極的なため、「医師はリモートワークが難しい仕事。新型コロナ禍を受けて、医学部より情報系を選ぶ層が増えるのでは」と鈴村氏はみる。

医学部人気がじりじり下がる中、パイが拡大しているのが地域枠だ。地域枠とは、卒業後に特定地域の病院で働くことを前提にした医学部入試のこと。医師不足が深刻な地方を中心に、地元での医師確保を目的に各大学で採用が広がっている。一般入試より入学しやすく、奨学金が支給されるコースもある。厚生労働省によると、10年に1149人だった地域枠は20年に1679人にまで増加。医学部定員の見直しが検討される中、地域枠は今後も拡大が見込まれる。

ただし、地域枠は一般入試枠より入りやすく、同枠で入った学生は「学力が低い」とみられがちだ。さらに卒業後に約10年間キャリアが縛られ、医師側に選択肢はないため、学内では「お気の毒さま」と陰口をたたかれることもあるという。

■ **医学部の志願者数は減少傾向に** —私立医学部の志願者数—

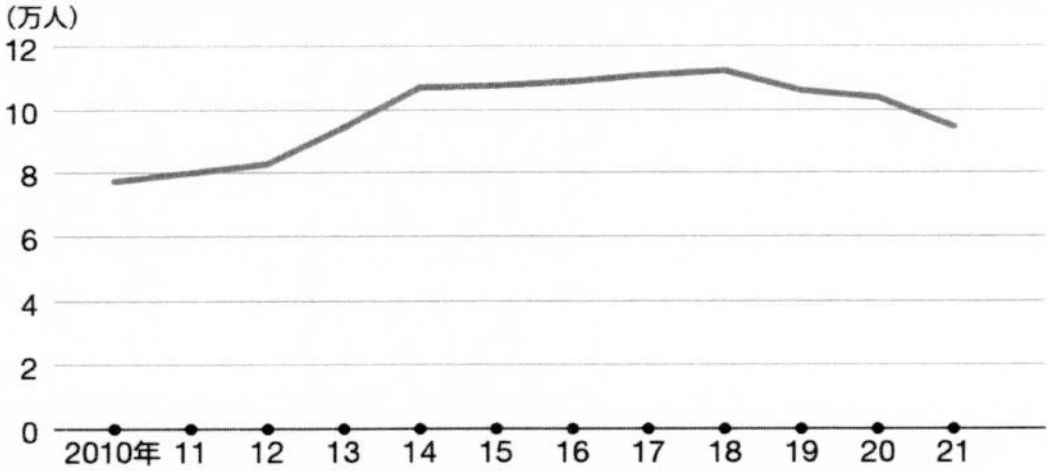

(注)医学部医学科、一般選抜・学校推薦型選抜・総合型選抜の合計
(出所)メルリックスの資料を基に東洋経済作成

■ **医学部の地域枠は拡大傾向に**
—地域枠の人数と全医学部定員に占める割合—

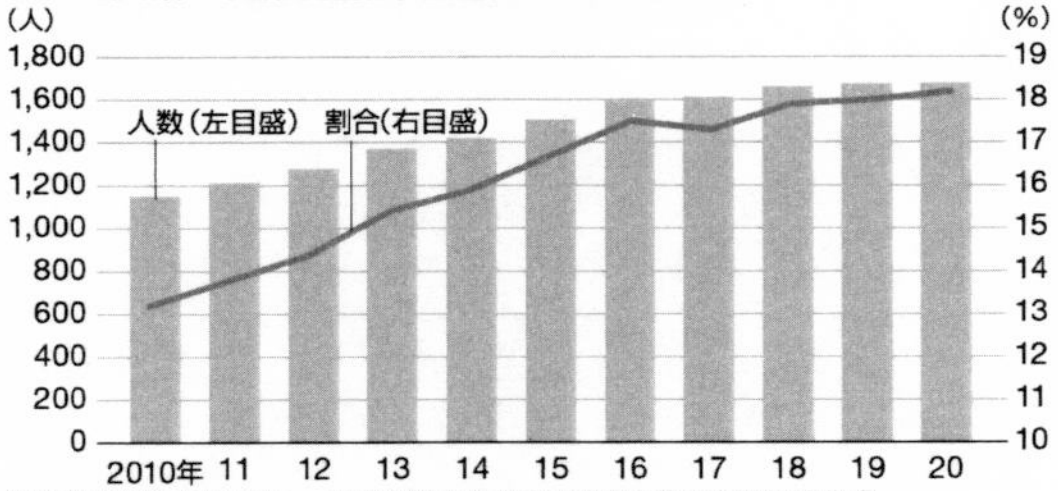

(注)自治医科大学は除く (出所)厚生労働省の資料を基に東洋経済作成

医学部受験の変化に伴い、受験生の志向も変わる。かつて都市部の受験生にとって「私立より国公立」が当たり前だったが、今は「『地方の国公立より都市部の私立』を選ぶ例が増えている」（鈴村氏）。

その理由について駿台教育研究所の石原賢一・進学情報事業部長は、「少子化の影響で『子どもを手元に置きたい』という親の意向が強い。地方国公立の医学部は地域枠で地元の高校生を確保するため、都市部の受験生の合格チャンスが減っている」と指摘する。

またコロナ禍による先行きの不透明感から、「1年先が見えない中で、現役で入っておこうという意識が強くなり、浪人生が減っている。長く浪人している受験生の多くは、医療関係者の子息に限られてきている」（石原氏）という。

コロナ禍で逼迫する医療現場。その過酷さを今の若者世代は敏感に感じ取り、医学部人気が変化しつつある。

（林　哲矢）

難関化の弊害で医師が足りない?

医学部は、一昔前に比べて狭き門となっている。

40年前の1982年と2021年(いずれも模試実施年)を比べた場合、例えば愛知医科大学でプラス26、杏林で24、帝京で22と、各大学とも偏差値が大きく上昇。21年は多くの医学部が偏差値73~74に位置しており、早稲田や慶応の理工系学部と並ぶ。

順天堂は学費値下げの効果で偏差値が上昇、難関校に

■ 医学部の偏差値は様変わり
―主な大学・学部の偏差値―

	大学・学部名	1982年	2021年
医学部	東京慈恵会医科	64	76
	順天堂	60	75
	杏林	50	74
	愛知医科	48	74
	近畿	58	74
	北里	54	73
	埼玉医科	53	73
	獨協医科	51	73
	帝京	51	73
	兵庫医科	56	73
	東海	55	72
	川崎医科	53	71
理工系	早稲田・理工	70	74
	慶応・理工	69	74
	東京理科・理	67	71

(注)「進研模試」の「3年生6月マーク」を基に算出。21年の「早稲田・理工」は基幹理工、創造理工、先進理工いずれも偏差値74

私立難関医学部の代表格である東京慈恵会医科でさえも82年の偏差値は64と、早稲田・理工の70、慶応・理工の69を下回っていた。それが今や、東京慈恵会医科と早慶の理工系の偏差値が逆転。愛知医科のように、かつては偏差値50を切っていた大学も今や難関大学となっている。

医学部入試のヒエラルキーを語るうえで欠かせないのが、順天堂だ。同大は08年に学費を約900万円下げたことで人気が上昇。慶応医学部、東京慈恵会医科、日本医科の「私立御三家」に食い込み、今や「私立医大四天王」と呼ばれるまでになった。

なぜここまで医学部の偏差値が上がったのか。駿台の石原氏は、「将来に希望の持てる進路が少なくなっているのが背景。地方国立の工学部に進んだからといって、かつてのように就職が安定しているわけではない。そのため理系の上位層の多くが医学部を目指すようになった」と分析する。とくにコロナ禍で先が見えない状況が続く中、「医学部のような『資格取得型』の学部の人気は安定する。今後も難易度はしばらく変わらないだろう」と予測する。

医学部難関化の弊害

医学部の難関化で弊害はないのか。それにより、地域医療が崩壊しかねない——。こう警鐘を鳴らすのは、一橋大学大学院経済学研究科の高久玲音准教授だ。

医療経済学が専門の高久准教授は、医学部入試の難関化と医師のキャリア選択に関する論文を20年に発表。医学部の偏差値上昇に伴い、より高度な専門性が必要な急性期病院などに勤務したり、専門医資格を取得したりする例が増えるなど、医師のキャリア志向が強まる結果が見られたという。

今後の日本は高齢化が着実に進むため、複数の疾患を診断できる、かかりつけ医のような総合診療医の需要が高まる。

偏差値上昇で本当に苦しむのは、受験生ではなく患者といえそうだ。

（林　哲矢）

膠着する医師の働き方改革

「残業時間の上限規制を超える懸念から、このままでは大学病院が地域に派遣している医師を引き揚げざるをえなくなる。医療崩壊が起きないか、確証が持てないのが現実だ」

2021年12月半ばの日本医師会（日医）の定例記者会見で松本吉郎常任理事は、医師の働き方改革がもたらす医療現場への影響について危機感をあらわにした。

2024年4月から医師にも時間外労働の上限規制が適用されるようになる。政府は働き方改革の中核として、一般企業では19年4月から、原則月45時間、年360時間、最長でも月100時間未満、年720時間とする、罰則付きの残業時間の上限規制を導入した。

ただ、医師に関しては診療を原則拒めない「応召義務」があるとして適用に5年間の猶予を設け、この間、厚生労働省の検討会などで規制のあり方が議論されてきた。21年11月末に厚労省の労働政策審議会分科会で、勤務医の残業時間の上限を原則年960時間などとする省令案が了承された。

このうち勤務医全体に適用される年960時間を上限とする「A水準」ですら、一般の労働者より大幅に長い。さらに3次救急病院など地域医療提供体制の確保のためやむをえない場合（B水準）や、初期研修医やその後の専攻医など、集中的に多くの症例を経験する必要がある医師（C水準）の場合、特例で年1860時間まで上限が緩和されることになった。

この「過労死ライン」の約2倍に当たるすさまじい長時間労働を認めることへの各界からの懸念の声は強く、年1860時間の適用対象となる医療機関には、連続勤務の制限（28時間まで）や休息時間を確保する「勤務間インターバル」（9時間）などを義務づけた。

■長時間残業を認める場合は健康確保も義務化—2024年4月から始まる医師の残業規制—

	対象者	残業上限（外勤先の労働時間も通算）	健康確保措置（連続勤務時間制限28時間・勤務間インターバル9時間の確保・代償休息のセット）
A水準	勤務医全体	年960時間、月100時間未満	努力義務
例外的に B水準（地域医療確保暫定特例水準）	地域医療提供体制の確保からやむをえない医師	**年1860時間**、月100時間未満	義務
例外的に C水準（集中的技能向上水準）	長時間、集中的に経験を積む必要がある**研修医・専攻医**、特定の高度技能を修得する医師	**年1860時間**、月100時間未満	義務

（出所）厚生労働省

認められない宿直許可

一定の健康確保措置が義務化されたとはいえ、これだけの長時間労働が特例的に許容されたにもかかわらず、医療崩壊の懸念があるとはいったいどういうことなのか。日医が目下懸念しているのは、この間、病院による医師の宿直許可申請の相当数が、労働基準監督署に認められなかったという点だ。

夜間勤務がごく軽度で短時間の業務にとどまり十分な睡眠が取れて、労基署から宿直として許可された場合、宿直時間は労働時間には当たらない。だが、医師1人当たりの宿直頻度が週1回を超えるとほとんど許可は得られない。

宿直時間が労働時間に算入されると、連続勤務制限にすぐに抵触するうえ、1860時間を超える懸念から、大学への医師の引き揚げにつながるというわけだ。

実際、新型コロナ禍への対応も重なり、都市部の大病院であっても人繰りは厳しい。「コロナの感染拡大期には、救急や発熱外来に始終発熱患者がやって来るし、土日も夜間も呼び出しが相次ぎ、働き方改革だなんて、とても言っていられない雰囲気だった」。関東圏の大手民間総合病院で働く、20代の男性医師はそう現場の実情を語る。

「働き方改革の方向性は正しいけど、こうした宿直規制を適用されたら今の診療体制が維持できないのは事実。外来診療を制限したり、救急車の受け入れを断わったりしないと難しい」

日医もこうした事情を挙げ、「医師については週2回の宿直許可を認める」「24年4月からの規制適用をさらに延期する」といった検討を、厚労省に求めている。

実際、およそ2年後に迫った医師の働き方改革の適用に対して、多くの病院では動きが鈍い。

「病院経営者の間でもいろいろな話が出ているけど、私は実はあまり大変なことにはならずに相応のところに落ち着くだろうとみている」。ある大手医療法人の経営者は、そう本音を語る。

「医者を休ませろという声と患者を診てくれという声、社会的圧力としてはどう考えても後者のほうが大きい。実際、『聖路加』でやりすぎて、あんなことをどんどんやったら日本の医療が回らなくなるということは、労基署もよくわかったと思う」

国内有数のブランド病院、東京都中央区の聖路加国際病院は、労基署の立ち入り調査の結果、夜間・休日勤務について割増賃金を支払うよう指摘され、過去2年分の十数億円を支払った。対応策として取られたのが、土曜の外来診療科目の半減だった。「それ以後は、地域医療体制を守るためという理由があれば、そう労基署ともめることはなくなった」（先の経営者）。

だが、厳しい医療現場の現実があるとはいえ、医師たちの心身をむしばむ長時間労働を前提とした制度設計は持続可能ではない。

長時間労働で抑うつに

厚労省の検討会に提出された資料によれば、年1860時間超の残業（外勤先の待機含む）を余儀なくされている大学病院の勤務医は、全体の23％超に上る。

中でも、働き方改革の適用後も年1860時間までの残業が認められるC水準の対象となる初期研修医、専攻医（後期研修医）は、教授を頂点とする大学病院内の力関係からして、自らの労働環境に不満の声を上げるのは難しい。

筑波大学の石川雅俊客員准教授が行った専攻医の勤務実態調査によれば、回答した4300人超の専攻医のうち、約26%が年換算で1920時間以上の残業を行っていた。また2割弱が中程度の抑うつ症状があるとも答えた。

こうした現状に対する、若手医師たちの見方はシビアだ。

「診療科を選択するに当たって、労働条件を考慮するという若手医師は年を追うごとに増えている。実際、仲間内でも、『この病院はブラックだからやめよう』といった話題には事欠かない」。先の20代の男性医師はそう実情を話す。

「一部の大学病院では、診療ガイドラインや新しい治療法の勉強を労働時間に当たらない自己研鑽扱いにするなど、拡大解釈が横行している。労働時間の自己申告をやめ、客観的な時間の把握の徹底が欠かせない」。全国医師ユニオンの植山直人代表は力を込める。

勤務医の過酷な働き方への包囲網は着実に狭まっている。

複数の社会保険労務士が行った全国約200の都道府県立病院への情報公開請求に

よって、3年間で49施設が労基署から是正勧告や改善指導を受けていたことがわかった。担当した社労士の福島通子氏は、「長時間労働をめぐる違反が圧倒的に多かった。悪質なケースでは是正勧告は効果的だが、そうでない場合には現実的な指導を求めたい」と話す。

21年1月には大学院生の医師に無給で診療行為をさせる「無給医」問題について、労基署は大学病院に是正勧告を出している。

コロナ禍に直面する中、その戦いの最前線に立つ勤務医たちが社会に不可欠の存在であることは、広く国民の間で認識されたはずだ。医師の働き方改革は難しいというのは簡単だ。だが、そんな彼らの犠牲を前提とした医療提供体制は、明らかに不健全なものだろう。

（風間直樹）

医学部入試「地域枠」の不条理

医学部入試の地域枠制度は、僻地の医師不足を解消する目的でつくられた。だが、高額の奨学金支給と引き換えに、指定された地域で長期間働くことを義務づける「年季奉公」の現状に、医学生たちが苦しめられている。

山梨大学医学部に在籍する男性は、「親にお金のことで心配をかけたくない」という理由から、地元の山梨大へ進学した。山梨大は、県内出身者に限られた前期の地域枠入試と、後期の一般入試しかない。そのため、県内出身者なら前期の地域枠を受験しない手はない。

この地域枠での入学は、県から6年間で936万円の奨学金を借りることが必須条件だ。返済免除の要件は、県内の指定された病院に9年間勤務すること。だが、途中で離脱すれば、年10％の利息をつけて返さなければならない。

さらに山梨県では、2021年度の入学者から、離脱に対する違約金（最大842万円）が全国で初めて導入された。離脱すれば、利息と合わせて最大2430万円の一括返済を求められる。

労働基準法16条では、労働契約の不履行に違約金を定める契約をしてはいけないとされている。「県は使用者に近い強い立場にあり、16条の主旨に反する不適切な制度だ」（日本労働弁護団の市橋耕太弁護士）。

30代半ばまで居住地制限

仮に一括返済したとしても、9年間の就業義務は消えない。将来選ぶ専門分野によっては、その分野に強い病院で経験を積む必要があるが、初期研修や専門研修も県内で受けることが義務づけられている。結婚や介護による離脱は認められず、30代半ばまで居住地を制限されることになる。

男性は卒業後は県内で働くつもりだが、将来の不安はある。「入学時点では自分に合う専門や将来の生活はわからない。万が一、山梨で働けなくなったらどうなるのか。指定された病院の労働環境が悪くても辞められないのではないか」。

こうした声に対して山梨県医務課は、「20年度に離脱者が初めて2人出たため、違約金を導入した。もし同意できないなら、県外も含めた一般枠で受けるように受験生に伝えている」と話す。

2008年から増員されてきた地域枠は、全国の80大学のうち70大学で導入されている（20年度時点）。医学部定員全体では2割近くを占める。多くの大学が、卒業後の県内就業を守らなければ高額の利子と元金返済といったペナルティーを科す。その目的は、就労義務からの離脱を抑制することだ。

全日本医学生自治会連合の田村大地書記長（信州大学4年）は、「医師不足は過去の政策の結果なのに、その解消の役割を受験生のみに義務づけていいのか。罰則より、働きたいと思えるような労働環境を整えてほしい」と訴える。

厚生労働省は19年から、離脱者を初期研修で受け入れた病院に対して、補助金を削減できる制度を設けた。さらに、専門医を認定する日本専門医機構は21年度から、都道府県からの同意を得られていない離脱者は専門医として認定しないことにした。

こうした入学時にはなかった後付けの不利益事項を増やすことで、「圧力で抑えつければ、かえって就労期間終了後に地域を去る医師をつくり出すことになる」と、全国医師ユニオンの植山直人代表は懸念する。若い医師を地域に縛り付けキャリアを閉ざすことは、長期的には地域住民にとっても不利益だ。

（井艸恵美）

「アフターコロナを見据え経営を引き締めていく」

徳洲会グループ理事長・安富祖久明

――公立病院が中心だったコロナ感染者の受け入れですが、徳洲会グループも多くの病院で患者を受け入れてきました。

徳洲会には北海道から沖縄まで、離島・僻地にも大病院から小さな病院まである。それでも、コロナに対してグループ全体で共通した闘い方をしないといけない。多くの病院がコロナ患者を診たが、救急の受け入れを断る率などを見ても、何とか通常診療との両立ができた。グループ内にある感染症専門の部会が本部と現場をつなぐ役割を果たして、徳洲会としての強みを発揮することができた。

離島などには、どれだけ感染が流行していても救急を断れないような病院もある。

グループ病院で毎週行っているウェブ会議でも、救急を断る率の推移は必ず説明し、断らないで済むようにと口を酸っぱくして言っている。

――経営面では、コロナ関連補助金が100億円以上計上されたことが大きく、2020年度も増収増益でした。

受診の抑制で患者が減少し、通常やっていた検査や手術も明らかに減っている。それで落ちた分を、補助金で補った形だ。

病院の患者数や原価・人件費などの数字を細かくチェックしているが、今は多くの病院で一にも二にもコロナ対応だ。すると、原価や経費の目標管理が雑になってしまう。徳田先生（創設者の徳田虎雄名誉理事長）はグループ病院の数値目標管理を徹底していた。

今の雑な管理が続くと5年、10年後の経営や組織運営に支障を来しかねない。アフターコロナに向けて、経営を引き締めていく。

――現在、グループには71の病院があります。買収の話は今も持ち込まれていますか？

依頼は来ていますよ。経営が苦しくて設備が老朽化しているけど建て替えが進んでいないところや、後継者がいないところから。経営が厳しい病院だと、ほかの医療法人では受けきれないところも多い。

ただ、組織を拡大するためのM&A（合併・買収）ではないし、こちらから声をかけることもほとんどない。あくまで地域住民や患者にとって、この場所に救急医療がないとまずいんじゃないかとか、そういうことを考えて決めている。東京・品川で以前あった案件は、われわれが受け継がなくても誰も困らないだろうから、勘弁してくれと（断った）。

離島や僻地では、相談を持ってこられれば大体は乗るようにしている。

――今後、グループとして強化していきたい領域はありますか？

メインは救急医療と離島・僻地医療。これが両輪であり続ける。また、欧米に比べて今の日本では放射線治療を行う患者さんの割合が少なく、その点でがん治療は遅れている。だから湘南鎌倉総合病院に陽子線の設備を導入するなど、放射線治療に取り組んでいる。

あとは、海外展開も進めたい。これまではブルガリアやブラジルで病院をつくってきたが、今は中国やコンゴ民主共和国でも話を進めている。コンゴでは、大統領や日本でいう厚生労働相に対して国民保険をつくってくれるようにアプローチもしている。日本の国民保険の立ち上がりから説明して、一緒に病院をつくっていきましょう、と。

――徳田氏が病に倒れて久しいです。今でもコミュニケーションを取ることはありますか。

普段はないが年に1回、正月にあいさつを。先日も会ってきた。徳田先生のふるさと徳之島の、病院の新築移転計画を説明した。部屋の介護人たちは本当に最大の敬意を持って徳田先生をケアしていた。非常にうれしくなると同時に、緊張感もある空間だった。

（聞き手・井艸恵美、石阪友貴）

安富祖久明（あふそ・ひさあき）

1950年沖縄県宜野座村生まれ。76年東京医科歯科大学医学部卒業。84年南部徳洲会病院に入職。2016年、医療法人徳洲会副理事長。20年6月から現職。

【週刊東洋経済】

本書は、東洋経済新報社『週刊東洋経済』2022年2月19日号より抜粋、加筆修正のうえ制作しています。この記事が完全収録された底本をはじめ、雑誌バックナンバーは小社ホームページからもお求めいただけます。

小社では、『週刊東洋経済eビジネス新書』シリーズをはじめ、このほかにも多数の電子書籍ラインナップをそろえております。ぜひストアにて「東洋経済」で検索してみてください。

『週刊東洋経済eビジネス新書』シリーズ

No.384　コンサル全解明
No.385　大転換の商社ビジネス
No.386　会社とジェンダー
No.387　全解明　経済安全保障
No.388　ソニー　掛け算の経営

No.403　ニッポン再生　7つの論点
No.404　マンション管理
No.405　学び直しの「近現代史」
No.406　電池　世界争奪戦
No.407　定年格差　シニアの働き方
No.408　今を語る16の視点　2022
No.409　狙われる富裕層
No.410　ライフシフト超入門
No.411　企業価値の新常識
No.412　暗号資産&NFT
No.413　ゼネコン激動期

週刊東洋経済eビジネス新書　No.414
病院サバイバル

【本誌（底本）】
編集局　井艸恵美、石阪友貴、風間直樹、長谷川　隆、林　哲矢
デザイン　杉山未記、熊谷直美、伊藤佳奈
進行管理　三隅多香子
発行日　2022年2月19日

【電子版】
編集制作　塚田由紀夫、長谷川　隆
デザイン　大村善久
制作協力　丸井工文社
発行日　2022年12月14日　Ver.1

発行所　〒103-8345
東京都中央区日本橋本石町1-2-1
東洋経済新報社
電話　東洋経済カスタマーセンター
03（6386）1040
https://toyokeizai.net/
発行人　駒橋憲一

電子書籍化に際しては、仕様上の都合などにより適宜編集を加えています。登場人物に関する情報、価格、為替レートなどは、特に記載のない限り底本編集当時のものです。一部の漢字を簡易慣用字体やかなで表記している場合があります。本書は縦書きでレイアウトしています。ご覧になる機種により表示に差が生じることがあります。

※本刊行物は、電子書籍版に基づいてプリントオンデマンド版として作成されたものです。